사랑의 도전

요한 힌리히 비헤른과 내적선교

사랑의 도전

요한 힌리히 비헤른과 내적선교

게르하르트 베어 / 홍주민 옮김

옮긴이의 글

요한 힌리히 비헤른과 독일 디아코니아

| 홍주민 |

16세기 초반의 종교개혁은 사회복지를 독일뿐 아니라 유럽에 뿌리내리는 역할을 했다. 종교개혁은 복지사업의 국가적인 제도와 사회정책에 있어 새로운 길을 열어 놓았다. 독일은 물론이거니와, 스칸디나비아 국가들, 덴마크, 노르웨이, 스웨덴, 그리고 핀란드는 마르틴 루터의 사상을 일찍이 종교개혁과 함께 받아들였다. 서로 간의 역사가 다양하기 때문에 이들 각 나라의 통일된 그리스도교사회복지 모델을 말할 수는 없다. 하지만 이들 나라는 서로 간에 영향을 주고받으면서 복지국가를 형성해 왔다. 이는 결국 북유럽의 복지국가, 서유럽의 사회국가를 형성해 온 에토스로 유럽 전역에 확산하는 기제가 되었다고 할 수 있다.

특히 개신교 종교개혁의 본산지인 독일에서의 디아코니아운동은 종교개혁정신의 재생이라는 성격으로 이어졌다. 1820년경 독일에서는 각성운동과 더불어 산업혁명의 여파로 생겨난 심각한 사회문제들에 직면해 그리스도인에 의한 사랑의 실천이 광범위하게 일어나게 되었다. 그러한 연관성속에서 독일의 디아코니아운동의 선구자로 불리는 요한 힌리히 비헤른은 1833년 방치된 아이들을 사랑으로 돌보고 양육하는 공동체, '라우에하우스'를 세운다. 그리고 이들을 돌보는 개신교복지전문사역자

(디아콘, Diakon)를 교육하는 일을 시작한다. 여기에서 남성 개신교복지전문직이 시작되었다고 할 수 있다. 이어 1836년 테오도아 플리드너와 그의 부인인 프리데리케가 카이저스베르트에서 여성 개신교복지전문직의 역할을 하는 디아코니세(Diakonisse) 공동체를 세운다.

[개신교 복지운동의 혁신가 : 요한 힌리히 비헤른(1808-1881)]

이러한 가운데 500년 전 루터가 종교개혁의 기치를 들고 '95개조의 반박문'을 내세우며 당시 중세의 가톨릭 신학과 교회에 당당히 도전하였던 비텐베르크의 성(城) 교회에서 1848년 9월, 이른바 1회 독일 교회의 날 행사가 있었다. 그 때 비헤른은 즉흥연설을 하게 되었는데 "사랑은 교회에 있어 신앙에 속한다(Die Liebe gehört mir wie der Glaube.)"라는 그의 언설과 함께 디아코니아운동의 거대한 화산이 분출되었다. 종교개혁의 핵심 사상인 만인사제설의 전통을 다시금 회복시키려는 독일 디아코니아운동은 160여 년 전 산업혁명의 결과로 생긴 수많은 사회문제에 무방비와 무관심으로 일관한 기존교회에 대항하여 생긴 개혁운동이자 각성운동이었다.

처음 이 운동은 신앙각성운동에 헌신적으로 자신을 던졌던 평신도들과 당시의 화석화된 교회에 환멸을 느껴서 살아있는 신앙의 회복과 종교개혁의 정신으로 돌아가고자 하는 이들에 의해 주도되었다. 이들은 당시의 사회문제에 대해 교회가 전적으로 책임져야 한다고 강하게 천명하였다. 그리고 이것을 위해 밖을 향한 선교가 아닌 교회 안에 있는 이들의 각성을 요구하게 되었고(innere Mission), 교회의 본질인 디아코니아가 회복되어야 할 것을 주창하였다.

비헤른은 당시 산재하여 있었던 결사체 단위의 디아코니아 실천단위들을 하나로 연대하고 통합하는 일을 한다. 이를 바탕으로 그 이듬해인 1849년 내적선교(Innere Mission) 중앙위원회가 구성된다. 그리고 1차 세계대전이 발발한 1914년까지 이 내적선교회는 독일에서 가장 큰 개신교 복지기관으로 성장하고 독일이 사회국가로 도약하는 데 선구자적인 역할을 하게 된다. 또한 대도시에서는 1848년 이래 도시선교회라는 기관이 세워져 도시의 사회문제에 직접 관여하는 기관으로 역할을 하게 된다. 그리고 내적선교는 사회구조 틀 안에서 디아코니아를 구체화하기 위해 비스마르크 정권의 사회법 제정에 깊이 관여한다(T. Lohmann). 그 결과 1883년 의료보험, 1884년 산재보험, 1889년 근무장애보험과 노후연금보험이 제정된다. 그 후 1919년 독일의 사회복지체계의 틀을 마련한 바이마르공화국은 복지체계의 장치로써 사적인 부분과 공적인 부분으로 한 이중체계를 형성한다. 이 과정에서 디아코니아는 중요한 기능을 담당하게 된다.

하지만 1929년 세계의 경제위기는 독일에도 경제난으로 이어지고 디아코니아도 영향을 받게 된다. 그리고 1933년부터 국가사회주의에 의한 제 3제국 시기는 디아코니아의 암흑기라 정의할 수 있다. 이러한 제 3제국의 국가사회주의 폭압 아래 독일교회는 다시금 진정한 의미에 있어 교회가 무엇인가에 대해 거듭 질문을 하게 된다. 특히 고백교회를 통해 저항운동을 하였던 이들을 중심으로 전쟁 이후의 새로운 교회에 대한 구상을 해 나간다. 그리고 종전 이후 고백교회운동의 운동가들을 중심으로 트라이사에서 개신교구호국를 세워 전후의 복구작업을 교회가 전면에 나서서 신속하게 해나간다. 이는 독일교회의 영적·물질적 교회의 재건의 표현이라 할 수 있다. 이들의 중심모토는 교회 자체를 '행동 속의 교회'로 이해하는 데 있었다.

이어 1948년 독일개신교연합(EKD)이 결성될 때 교회법 정관에 '디아코니아는 교회의 본질이자 삶의 표현'이라는 조항을 명시화하기에 이른다. 이후 1957년 내적선교회와 개신교원조국은 하나의 기관으로 융합하기로 합의하고 서로의 폭을 좁혀 나아가다가 1975년 오늘의 개신교 디아코니아 사업단(Das Diakonische Werk in der EKD)으로 합치된다.

[독일 디아코니아 로고]

현재 독일의 디아코니아 기관은 약 31,000개이고 45만 여명의 직원이 그곳에서 일하고 있다. 그리고 40만 명 정도의 자원 봉사자들과 함께 하루 100만 명 이상에게 수혜를 제공하는 등, 디아코니아 실천운동은 거대한 규모로 진행되고 있다. 이들 직원 중 26만 명 정도가 고정된 시설에서 근무를 하고 있는데 그중 40%에 해당하는 이들이 양로원, 청소년 기관, 장애인 기관, 그리고 병원에 속하여 있다. 특히 독일 전체 장애인 시설의 1/2, 유치원의 1/4, 병원의 1/10이 디아코니아 기관에 의해 운영되고 있다.

구체적으로 2002년 현재, 디아코니아에서 운영하는 유치원이 8,953개, 병원이 696개, 도착증세를 전문적으로 상담하는 처소가 2,500개, 일반 상담소가 700여 개 정도로 추산된다. 흥미 있는 것은 534개나 되는 디아코니아 재교육시설에서 4600여 명의 직원이 종사하고 있다는 것이다. 이들 교육시설을 예로 들면, 간호학교, 전문대학, 자매회 예비학교, 성서-선교학교 등이다. 또한 4300여 개의 자원봉사 동아리들이 움직이고 있고 18,000개의 교회가 이 섬김의 사역에 연대하며 나아가고 있다. 여기에 25개의 주교회(Landeskirche)와 9개의 자유교회(Freikirche) 그리고 90개의 전문협회가 개신교디아코니아사업단에 속하여 있다.

또한 국외적인 디아코니아실천으로는 유럽디아코니아와의 연대기관인 '유로 디아코니아', 1959년부터 시작하여 제 3세계의 민중들을 섬기는 '세계를 위한 빵(Brot für die Welt)' 운동이 있다. 그리고 에큐메니칼 프로그램의 일환으로 진행하는 '교회 상호 도움' 프로젝트는 주로 개신교가 유럽의 약한 교회들과 정교회 그리고 다른 세계교회와의 연대사업을 위한 것이다. 또한 '대참사의 희생자들을 위한 디아코니아'는 갑작스런 곤경에 빠진 이들을 위해 음식과 천막, 의복 등 단기·중기프로그램을 제공한다. 또한 외국학생들이 독일의 대학에서 공부할 수 있는 장학사업도 하고 있다. 그리고 길거리에 버려진 아이들을 위한 '유럽연대'를 통해 개발도상국이나 산업사회의 폐해로 생기는 전 세계의 길거리에 방치된 아이들을 돌보는 일에 관여하고 있다. 마지막으로 구동구권의 교회들을 위한 기부금 모금운동인 '개신교 파트너 도움(Evangelische Partnerhilfe)'과 1994년부터 시작된 동구권을 위한 기부금 모금운동인 '동구권을 위한 희망(Hoffnung für Osteuropa)' 등이 있다.

사랑의 도전

요한 힌리히 비헤른과 내적선교

게르하르트 베어 / 홍주민 옮김

차 례

13　산업혁명으로부터 시작되다

19　부모님 집, 학교, 첫 삶의 경험

29　신학수업

37　실천적인 사업을 시작하다

44　인생의 동반자 아만다 뵈메와 만나다

50　라우에하우스

56　교육자로서 비헤른의 교육적 구상

64　라우에하우스에서 내적선교로

73　혁명의 해 1848년

81　비텐베르크 교회의 날에

92　독일 민족에게 드리는 백서

99　여행길에서

105　교도소 개혁을 하면서

113　생의 마지막 시간

117　비헤른 – 부름과 과제

121　요한 힌리히 비헤른의 증언들

[하르트만 기계공장 내 전경, 켐니츠(19세기 말)]

산업혁명으로부터 시작되다

　기계와 군중의 시대가 도래했다. 18세기에서 19세기로 넘어오면서 사람들의 삶의 유형이 급격하게 바뀌게 되었는데, 그 원인은 새로운 에너지원의 발견이었다. 증기기관으로 인해 철도가 생겨났고 방직 공장이 가동되어 사회는 이전 시대와는 비교할 수 없을 정도로 빠르게 변화하는 시기를 맞이하게 되었다. 생산 수단의 변화는 사회변화로 이어졌다. 엘버펠더의 사업가의 아들로 태어난 프리드리히 엥겔스(Friedrich Engels)는 그의 나이 25세 되던 해인 1845년에 『영국 노동자 계급의 현 단계』라는 책을 출간하게 되는데, 거기에서 그는 다음과 같은 주장을 했다. '영국 노동자 계급의 역사는 18세기 후반부터 시작된다. 이는 증기기관과 기계의 발명으로부터 시작하여 면직 공업으로 이어진다. 이로 인해 산업혁명이 일어나게 되고 시민사회는 급변하게 된다.'[1] 증기기관과 더불어 점점 더 새롭고 기능이 좋은 기계의 출현으로 인해 사실상 상상을 초월한 노동생산력이 산출되었을 뿐만 아니라 경제적이고 사회적인 전 영역에서 획기적인 변혁이 동시에 나타나게 되었다.

---

1) Friedrich Engels: Die Lage der arbeitenden Klassen in England; Ernst Deuerlein, Gesellschaft im Maschinenzeitalter.에서 인용. 그림은 Deutschen Sozialgeschichte, Reinbek 1970, 15에서 가져옴

이른바 산업혁명은 영국에서 이미 1800년도 이전에 시작되었고, 독일에서는 얼마 후 일어나게 되었다. 수많은 소농가의 자녀들은 힘겨운 경제상황 때문에 농촌에서 떠나야만 했다. 또한 전통적인 수공업에 종사하던 이들이 근대 산업노동으로 전환하게 되었고 이로 인해 사람들 상호간의 규정과 연결고리는 무너져 내려갔다. 이전에는 각 개인이 대가족 안에서 연결되어 있었지만 이제는 도시 안에서 종이나 하녀, 혹은 일용직 노동자로 편입되게 되었다. 개인은 이제 여러 면에서 관계가 단절된 개체로 전락하게 되었다.

예전의 수공업 작업장은 친밀하게 함께 일하던 터전이었고, 농가에서조차 일터와 주거는 하나였다. 왜냐하면 모든 생활과 일이 한 지붕 아래 이루어졌기 때문이다. 하지만 이제는 개인적인 삶과 직업이 서로 분리되었다. 전통적인 수공업의 도제(Meister)나 기능사는 장인이나 가족에 의해 잘 전수되어 왔다. 왜냐하면 일하는 방식이나 생산품 그리고 판매가 모두 이러한 단위에 연결되어 있었기 때문이다. 동시에 수공업 장인은 한 집안의 가장이기도 하였다. 하지만 동시에 그는 강한 힘과 무제한의 권위를 가지고 있었고 더욱이 그리스도교적인 '가장'으로 젊은 직원들의 복리를 위해 책임을 져야 했다. 게다가 그들을 위한 복지와 목회적인 면에서도 포괄적인 역할을 해야 했다.

루터의 「소요리문답」에서 이러한 신분규정은 분명히 정리된다.[2] 이 규정에 따르면, 우리 모두는 가족, 국민 그리고 국가 안에 존재한다. 그리고

---

[2] 참고. 신앙문건 1과 주기도문 4 '도대체 일용할 양식이 무엇인가?'에 대한 루터의 해석

참회의 내용에 다음의 사실이 분명히 드러난다. '당신의 신분이 아버지, 어머니, 아들, 딸, 하인, 하녀인지 십계명에 의거해 판단해 보십시오…' 전통적이고 위계적인 연결고리는 기존에 존재하고 있는 것들과의 밀접한 제한 속에서 '개인의 삶'에 연루되어 있다. 그 안에 휴식을 포함한 모든 삶의 상황 속에서 필요한 안전장치가 제공되었다.

하지만 농부의 후손들과 수공업 도제들 그리고 산업발전과정에서 밀려난 소규모 수공업자 장인들이 대규모로 공장으로 투입되면서 이러한 휴식과 안전장치는 사라졌다. 그리고 이러한 계층구조의 변화과정이 수십 년 이상에 걸쳐 진행되면서 사회문제로 떠오르게 되었다. 게다가 19세기로 진입하면서 유럽 인구가 급증했다. 이러한 인구급증은 개인수입의 증가와 별도로 진행되었다. 이러한 이유로 수많은 독일 남성들이 이주노동을 선택했다. 1817년과 1830년 사이에 매년 1만 명 내지 2만 명 가량의 독일인들이 경제적으로 나은 미래를 위해 미국으로 이주했다. 1831년부터 1850년 사이에만 해도 대략 60만 명의 독일인들이 미국으로 이주했다. 이러한 독일인들의 이주는 미국뿐만 아니라 다른 유럽 국가로도 향했다. 그 결과 1850년경에는 런던과 파리에 5만여 명의 독일 '이주 노동자(Gastarbeiter)'들이 있었다.」

요한 힌리히 비헤른은 이러한 현상에 대해 '곤경을 당한 독일인들의 집합지'라는 표현을 썼다. '프랑스에는 공장과 무역을 하는 지역이 없었다.

---

3) Wichern, Sämtliche Werke, Bd. I, 292

독일 일용직 노동자들은 철도나 운하를 건설하는 현장에 집단으로 이주하여 살고 있었다.'3) 이와 연관하여 비헤른은 다음과 같이 기술했다. '독일에서 파리로 가는 모든 길은 독일 이주민 행렬과 여행객들로 가득했다.'

무엇보다도 산업혁명으로 인해 사회적인 생활구도 위에서 새로운 신분이 나타나게 되었다. 게다가 그들은 전통적인 신분 피라미드의 바깥과 바닥에 위치해 있었다. 그리고 신분4) 구조 안에 이 새로운 신분이 등장하게 되었다. 군주정의 정점에는 귀족, 성직자가 있었고 이어서 시민과 농부가 있었다. 이 시민과 농부는 한 번 더 분명하게 정치적으로 경제적으로 영향력이 있는 상위층 시민과 부유한 농부, 더 나아가 다른 한편으로는 소시민과 소농으로 구분되었다.

산업혁명이 가져온 사회문제로 다음과 같은 일련의 다른 문제들이 제기되었다. 기존의 군주정과 밀접하게 연계되었던 교회는 이러한 새로운 신분의 출현을 알고 있었는가? 교회는 세례 받은 교인들 가운데 권리를 박탈당하거나 착취당하거나 공장주의 횡포에 희생당하는 이들을 돕고 그들의 인권을 지켜주기 위해 무엇을 했는가? 아니면 사회문제에 대한 새로운 규정을 무신론적인 이론가나 이데올로기에 맡겨버린 것인가? 여기서 마르크스와 엥겔스 이전의 사람들을 생각해보자. 이들은 종교적 동기와는 별도로 새로운 사회에 대한 전망을 갖고 있었던 초기사회주의자들(유토피아적 사회주의자)이다. 영국의 로버트 오웬(Robert Owen 1771-1858)은 휴머니

---

4) '신분은 전체 사회 안에서 하나의 고정되고 생활에 적절하고 법적인 위치를 갖고 있는 사회의 그룹으로 다른 그룹으로부터 인정받는다. 하나의 신분은 근본적으로 사회규정을 긍정한다. 그 안에서 살아가지만 정치적이고 사회적인 진보를 위한 투쟁에서 제외되지 않는다.' (Günter Brakelmann, Die soziale Frage des 19. Jahrhunderts, Witten, 6. Aufl. 1979, 13)

즘 실천가로 회사를 경영했다. 프랑스에서는 생시몽 백작(Saint-Simon 1760-1835), 샤를 푸리에(Charles Fourier 1772-1858) 혹은 피에르 프루동(Pierre Proudhon 1809-1865)이 있었다. 동시에 독일에서는 초기사회주의의 날카로운 비판가 빌헬름 바이틀링(Wilhelm Weitling 1808-1871)이 예수와 성서의 이웃사랑에 방향이 맞춰진 공산주의를 위해 노력하였고, 이같은 연장선에서 유대인 언론가 모제스 헤스(Moses Hess 1812-1875)도 언급할 수 있다.

교회 측에서는 프롤레타리아의 해방투쟁에 대하여 어떠한 기여를 했는가?[5] 두 명의 저명한 개신교 역사가의 진단을 들어보자. 먼저 마르부르크의 교회사가인 에른스트 벤츠(Ernst Benz)는 '19세기는 프롤레타리아의 등장과 교회와 그리스도교에 반하여 유럽에 등장한 사회주의의 발전으로 인해 아주 힘겨운 사건들이 속출했던 시기였다'고 평가한다. 벤츠는 묻는다. '19세기의 그리스도교 역사는 마르크스의 역사관에 대해 행동으로 반박하는 대신에 마르크스이론에 대한 중요한 인증을 하는 것처럼 보였는데, 사회 안에서 '착취자(Ausbeuter)' 역할을 한 세력에게 당시 교회가 어떤 책임을 물었는가?[6]

요한 힌리히 비헤른(Johann Hinrich Wiehern)과 그의 내적선교에 대한 연구자이자 역사가인 마르틴 게르하르트(Martin Gerhardt)는 당시 교회의 전체 상황에 대한 분석을 다음과 같이 표현했다. '당시 교회는 전적

---

[5] 프롤레타리아(라틴어 proles '자손, 후예')는 고대 로마의 사회계층의 하나로, 세금을 낼 수 없는 계층을 말한다. 그들은 자손들을 돌본다는 측면에서 국가에 유익했다. 19세기의 프롤레타리아는 노동력 외에는 아무 것도 가진 것이 없는 계층, 임금노동계급을 의미한다.
[6] 참조. Gerhard Wehr: Franz von Baader, Freiburg 1980

으로 노동자신분의 사회적 곤경에 대한 중요한 과제엔 소홀했고, 단지 목회사역에만 열중했다. 그저 적용 불가능한 오래된 사회학적 입장을 가지고 있었다. 교회는 생성되는 프롤레타리아트 지도자들과 함께하려고 노력하지 않았다. 교회는 이 부분에는 그들이 할 과제가 없다는 입장을 가지고 있었기 때문이었다. 교회는 초기사회주의의 종교적 근본입장이 바이틀링의 입장과 관련 있고 그 입장이 복음으로부터 연원한 것이라는 것을 이해하지 못했다. 그래서 당시 산업국가로의 변환 초기에 적절한 노동조건에 대한 독일 공장노동자들의 정당한 요구를 보면서도 교회는 이들의 입장을 변호하지 못했다. 교회가 그들의 마땅한 역할을 하지 못하자 그 빈자리에는 민중을 현혹하는 교설(巧說)로 노동자들의 요구를 해결하려는 색조를 띤 사회주의적인 선동만 만개했다...'[7]

이제 요한 힌리히 비헤른의 삶과 업적을 중심으로 서술해 보고자 한다. 하지만 이 평전에서는 이제까지 비헤른에 대해 〈내적선교의 아버지(Vater der Inneren Mission)〉, 〈남성적 디아코니아의 전령관(Herold der Männlichen Diakonie)〉이라고 치켜세우면서 그의 부족한 부분을 가렸던 우를 범해서는 안된다. 먼저 선각자들의 유업을 현재와 미래의 관점에서 긍정적으로 정리하고 평가하는 것은 중요하다. 하지만 인간적인 행동의 모호함과 소홀함이 드러난다면, 선각자들의 실수에 대해 위대한 유산임에도 불구하고 다시 한 번 성찰하는 것도 중요하다고 본다.

---

7) Martin Gerhardt, Ein Jahrhundert Innere Mission. Die Geschichte des Central Ausschusses für die Innere Mission der Deutschen Evangelischen Kirche, Bd. I, Gütersloh 1948, 22

부모님 집, 학교, 첫 삶의 경험

요한 힌리히 비헤른(Johann Hinrich Wichern)은 1808년 4월 21일 독일 함부르크에서 출생했다. 그는 부친 요한 힌리히 비헤른(Johann Hinrich Wichern sen.)과 비트스톡 출신인 모친 카롤리네 마리아 엘리자베스(Caroline Maria Elisabeth) 사이에서 첫째 아들로 태어났다. 비헤른의 가정은 미하엘리스 교구에 속했다. 때문에 어린 시절 비헤른은 미하엘리스 교회에서 세례를 받았다. 비헤른의 아버지는 부지런한 사람으로 독학을 통해 다양한 언어를 구사할 수 있었고, 공증과 번역일로 생계를 이어나갈 수 있었다. 그는 10개 혹은 11개의 언어를 습득했다고 전해진다. 하지만 그런 능력을 가지고도 그다지 풍족한 생활을 꾸려나갈 수는 없었다. 공증인의 딸인 비헤른의 모친도 경제적으로 그리 풍요로운 가정 출신이 아니었다. 그들은 4명의 딸과 2명의 아들을 두었다. 이 6남매는 터울이 짧았고 그래서 비헤른의 가족은 아주 절약하면서 살아가야 했다. 더욱이 1823년 폐병으로 인해 48세의 부친이 사망하자 7명의 남겨진 가족들은 극심한 경제적 압박 속에서 생계를 이어나가야 했다. 부친이 돌아가셨을 때 가장 어린 동생은 겨우 한 살이었다. 아버지처럼 재능이 많고 성실했던 비헤른은 15살 나이에 가족의 생계를 위해 가정교사로 일을 해야 했다.

증언에 의하면, 비헤른의 부친의 신앙은 장남인 비헤른의 마음 깊은 곳에 하나의 모범으로 각인되어 있었다고 한다. 그래서 비헤른은 아버지와의 깊은 교감을 가지고 살아갔다. 유년시절의 그의 일기를 보면 성장하면서 자신의 내면세계를 다음과 같이 표현하고 있다. '아버지는 살아있는 동안 나를 가장 잘 알고 있는 유일한 분이셨다. 그분은 모든 선한 것과 아름다운 것 그리고 고결한 것에 관심을 기울였으며 겸손한 분이셨다.'[8] 1814년 초엽, 전쟁으로 인해 함부르크를 떠난 기억도 어린 비헤른에게 선명하게 남겨져 있었다. 그 전쟁은 나폴레옹에 대항한 해방전쟁이었다. 당시 프랑스군대가 함부르크를 점령하였고 비헤른은 반년 정도 피난을 가야 했다.

비헤른은 피난시절에 아버지로부터 독해와 작문을 배운 후 6살에 사립학교에 입학했다. 이어 1818년 그는 요한 김나지움에 들어간다. 그곳에서의 성적은 평균 이상을 넘지 않았다. 매년 성적표엔 칭찬과 혹평이 교차했다.

[비헤른 부모님]

[당시 함부르크 전경]

학창시절 동안 그는 고전어와 독일어 작문은 잘했지만 수학은 보통 수준이었다고 평가받았다. '나는 선생님이 말씀하시는 것처럼 아주 게을렀다.' 비헤른은 그의 일기에 자기비판적인 글을 남겼다. '하지만 이것은 나에 대한 얼마나 불합리한 평가인가. 나는 매일 밤 1시까지 놀라울 정도로 열심히 공부했고 한순간도 놀지 않았다. 하지만 선생님들은 나를 게으르다고 평가

---

8) Martin Gerhardt(Hrsg.), Der junge Wichern, Jugendtagebücher Johann Hinrich Wicherns, Hamburg 1925, 17

한다. 도대체 많은 재능을 가지지 못한 것이 내 잘못인가! 선생님이 학생에게 기대 이상의 것을 바라는 것은 잘못된 일이다.' 9) 이 말은 18세, 19세에 자신이 교사로 직접 교육에 참여하면서 한 비헤른의 말이다.

슐라이에르마허(Schleiermacher)로부터 강한 영향을 받은 신학자 클라우스 함스(Claus Harms)가 1817년 종교개혁 기념 300주년을 맞아 당시 이성주의 신학을 대변하는 이들을 향해 「95개 논제(95 Thesen)」를 출판했다. 그로 인해 함부르크에서도 이성주의 신학자들과 경건주의의 영향을 받은 각성운동가들 사이에 분쟁이 일어났다. 아직 나이가 어렸던 비헤른은 개신교 진영의 두 경건 유형을 각성운동으로 이용하기 위하여 구분하는 것을 배웠는데, 비헤른은 오래되지 않아 이 입장들의 방향이 서로 대립적인 입장을 견지하고 있다는 것을 감지할 수 있었다. 요한 김나지움의 교장이었던 신학자인 요한 고트프리드 구어리트(Johann Gottfried Gurlitt)는 각성운동 진영의 반대편에 속해 있었다. 이와 반대로 가까이에 살고 있었던 슈마허 오스발트(Schumacher Oswald)는 '각성운동가'였다. 그는 어린 비헤른에게 다가와 자신의 회심에 대해 설명했다. 하지만 비헤른의 부친은 객관적인 신앙 유지에 우선권을 두었다. 때문에 비헤른은 부친이 돌아가시고 나서야 비로소 종교적 확신을 분명하게 드러낼 수 있었다.

1825년 6월 비헤른은 17세가 되어 견진성사(堅振聖事)를 받았다. 이 시기에 그는 젊은 신학자 오토 루드비히 볼터스(Otto Ludwig S. Wolters)의

---

9) Jugendtagebücher, a. a. O

[비헤른의 청년시절]

지도를 받았다. 19세에 쓴 일기를 보면 비헤른은 16세와 17세 사이에 영적인 전환기에 있었음을 확인하게 된다. 1827년 9월 19일 비헤른은 일기에 다음과 같이 기록했다.

'지금까지 근 3년간을 공부했지만 모든 것들이 어렵고 불분명했다. 실제로 나는 엄청난 제약을 받고 있었다. 하지만 내적으로 많은 것을 감지할 수 있었다. 나는 하나님의 영이 나를 새롭게 태어나게 하는 것을 느꼈다. 복음의 빛이 학문을 깨닫게 해주었다. 그때부터 나는 진일보하여 앞으로 나아가게 되었다. 3년 전부터 나는 진정한 의미에서 학문을 시작했다. 이전에 관심이 있던 것은 완전히 무너져 내렸고 이제 완전히 새롭게 시작하게 되었다. 이를 통해 내 정신은 아주 예민한 상태에 이르게 되었고 다양한 학문과 개인 인식을 다른 방향으로 형성해 나아갈 수 있었다.' 10)

비헤른의 표현방식과 선택한 단어를 통해 당시 그의 생각을 규정할 수 있다. '타개', '신생', '각성', '새로운 시작'. 그리고 유년시절 그의 일기에서 야콥 뵈메스(Jakob Böhmes)라는 이름이 등장하는 것은 비헤른이 당시에 그리스도교적 신지학(Christlichen Theosophie)에 대한 관심이 있었음을 말해준다. 동시에 각성운동에 접촉한 사실도 알 수 있다.11) 마틴 게르하르트가 저술한 비헤른 자서전에는 이러한 삶의 단계를 다음과 같이 표현하고 있다. '이로써 비헤른은 갑자기 깨어난 이성적인 삶과 유아적인 신앙 사이의 힘겨운 싸움을 막을 수 있었다. 조용히, 하지만 쉬지 않고, 갑작스런

---

10) Jugendtagebücher, a. a. O., 132
11) 1826년경 비헤른의 독서물에 Matthias Claudius, Johann Georg Hamann, Thomas a Kempis, Fénelon.-Zu Böhme und der christlichen Theosopie 참조. Gerhard Wehr: Jakob Bohme, der Geisteslehrer und Seelenführer, Freiburg 1979.

단절이나 심각한 이성의 분쟁 없이 그는 종교적으로 계속 발전해 나아갔다. 17살의 고교생은 언어공부에 열성적으로 몰두하면서 종교적인 질문은 줄어들 수밖에 없었다. 하지만 어린 시절부터 지속된 기도생활은 흔들림 없이 이어졌고 그리스도교 신앙에 대한 확신은 강화되었다.' [12]

비헤른은 경제사정으로 대학입학시험 이전에 학교를 그만두고 요하네스 플룬스(Johannes Pluns)의 아동보호소에서 일을 해야 했다. 그가 일을 한 푀젤도르프 아동 그룹홈은 오늘날 함부르크 하베스테후데에 있다. 나이가 어리고 경험이 별로 없는 청소년이었지만 그는 당시의 생활을 다음과 같이 기술했다. '나는 이른 아침 7시부터 밤10시까지 쉬지 않고 아이들을 감독해야 했다.' 또한 1826년 미하엘의 날 다음과 같은 기록을 일기에 남겼다. '오, 사람을 낚는 어부는 손으로 일하는 것을 평생 동안 할 수 있습니다. 이것이 바로 그 **무엇(Was)**입니다. 하지만 '**어떻게(Wie)**'라는 부분이 내게는 아직 감이 오지 않습니다.' 그러면서 18세의 비헤른은 신학수업을 준비해 나아갔다. 비헤른은 밤을 새우는 날들이 많아졌고 그 결과 두통에 시달리게 되었다. 플룬스에서 비헤른은 부모가 교도소에 수감되어 방치된 아이들을 위한 아동보호소를 세울 생각을 굳혀 나갔다. 이 시기에 시작된 두통은 평생 동안 지속되었다.

아동보호소에서 일을 하면서 비헤른은 함부르크의 명망가들과 접촉할 기회를 갖게 되었다. 그 중에는 개신교 자매단을 통해 이웃사랑을 실천하고자

---

12) Martin Gerhardt, Johann Hinrich Wichern. Ein Lebensbild, Bd.I, Hamburg 1927, 30

하는 아말리 지베킹(Amalie Sieveking)이 있었다. 그녀는 비헤른에게 대학에서 공부하는 동안 매년 장학금 60마르크를 약정해 주었다. 또한 비헤른의 아버지 격이자 친구 격인 함부르크 시의원 마르틴 후트발커(Martin H. Hudtwalker)와 1820년 이래 성 게오르그교회의 목사로 함부르크 각성운동 지도자이자 영국식 모범 주일학교 운동의 기초자인 요한 빌헬름 라우텐베르크(Johann Wilhelm Rautenberg)가 후원자로 비헤른을 돕게 되었다. 청소년에 대한 '내적선교(Innere Mission)' 사역을 위한 신학지망생은 이러한 환경 가운데 성장해 갔다.

그러나 그가 해내야 할 일거리가 지속적으로 많이 있었기 때문에 이들의 도움에도 불구하고 생활면에서 더 나아지지는 않았다. 밤늦도록 힘겹게 해야 하는 돌봄 노동과 과외공부, 이를 통하여 비헤른은 6명의 어린 자녀 생계를 짊어진 어머니를 도와야 했다. 더 나아가 신학, 문학 그리고 고전어를 공부하는 것도 힘겨운 과제였다. 비헤른은 독일의 고전파 레싱, 클롭스톡, 헤르더, 괴테 그리고 실러 등을 비롯해 고대시대의 작가들에게도 관심이 많았다. 언젠가의 그의 일기에는 이런 구절도 있다. '위대한 괴테에 대해 누가 놀라지 않을 수 있겠는가! 그의 곁에서 조용히 하라!' '그러한 책을 읽는 것은 우리를 겸손하게 하고 당황하게 한다. 우리가 다른 것(중요하지 않은 것이라도)을 본다 해도, 그 안의 내용은 우리 내면이 목적을 찾도록 용기를 줄 것이다. 아무런 내면의 부딪힘이 없다 해도 숨겨진 의미를 전력을 다해 찾아야 할 것이다.' [13]

---

13) Jugendbriefe, a. a. O., 109

그는 낭만주의자 노발리스, 루드비히 티크, E.T.A 호프만, 클레멘스 폰 브렌타노에게도 관심을 가지고 있었다. 반대로 낭만주의자의 반대편에 서 있는 아우구스트 그라프 폰 플라텐에게도 관심이 있었다. 비헤른은 마티아스 클라우디우스의 가족과도 친밀한 관계에 있었는데, 특히 클라우디우스의 아들 요하네스와 반드스벡에 사는 클라우디우스의 미망인 레베카와도 가깝게 지냈다. 독서에 깊이 빠져 있던 비헤른은 그의 일기에 이런 글을 남겼다. '독일어와 라틴어로 작품을 쓰는 모범작가의 삶은 신학도가 되고자 하는 내 마음을 완전히 사로잡는다.' 14)

그러나 비헤른은 자신이 가는 신학의 길에 대한 흔들림은 없었다. 18세의 신학지망생 함부르크 아카데미 김나지움 학생으로 그는 함부르크의 함(Hamm)에 있는 작은 마을 교회에서 설교를 하게 되었다. 첫 설교에서 그는 누가복음 16:1-9의 불의한 청지기에 관한 비유에 관해 설교했다. 비헤른은 라우텐베르크 목사의 설교에 깊은 감명을 받았다. 특히 그는 성찬을 통해 특별한 경험을 했다. 그는 열정적으로 성서를 읽고, 경건하게 기도하고, 매일 한 장씩 성서를 필사하고, 마르틴 루터의 저작을 깊이 읽어 나갔다. 비헤른은 이러한 일들을 장차 신학도가 되기 위한 필수적인 과정으로 여겼다. 하지만 1826년 첫 대림절 기간에 교회에서 돌아오는 길에 이웃에 사는 가난한 구두수선공에게 말한 내용을 비헤른은 일기에 이렇게 기록했다. '하인리히, 당신은 십자가를 위하여 더 참아야 합니다. 당신은 조롱당하고 욕을 듣고 비웃음을 당하고 있습니다. 하지만 기도하십시오! 수치를 더

---

14) Jugendbriefe, a. a. O., 110

당할수록 왕관도 더 커집니다!'

　　비헤른은 신학 공부와 직업교육 사이에서 깊이 고민했다. 일기에서 그는 '하나의 위기'라는 표현을 한다. 하지만 같은 생각을 가진 친구들과 함께 고민하면서 많은 부분을 해결할 수 있었다. 또 하나의 문제는 재정적인 문제였다. 그러나 아말리 지베킹이나 다른 친구들, 그리고 후원자들로 인해 이 문제도 해결되었다. 경제사정 때문에 그는 매우 절약했고 주변의 대학생들과 필요한 물품들을 공유하기도 했다. 김나지움에서의 성적은 좋았고 마지막 시험도 잘 치렀다. 시의원이었던 후트발커는 비헤른에게 괴팅겐대학에서 새롭게 학문을 할 수 있도록 조언했다. 이에 따라 1828년 10월 4일 비헤른은 함부르크를 떠나 괴팅겐으로 옮겨갔다.

신학수업

비헤른은 뤼네부르크, 브라운슈바이크 그리고 볼펜뷔텔을 지나 1828년 10월 21일 괴팅겐에 도착했다. 주로 걷고 때로 우편마차를 얻어 타며 이어진 여행이었다. 도착한 당일에 그는 대학의 개신교 신학부에 등록했다. 우리는 다음의 기록을 통해 비헤른의 여행의 여정을 알 수 있다. '볼펜뷔텔에서 묵고 난 다음날 그 도시를 둘러보면서 노동자들의 참상을 보게 되었다. 노예 같은 노동으로 인해 심한 고통 속에 있는 노동자들의 〈소름끼치는 참상〉을 접하게 되었다. 이러한 경험은 그로 하여금 이후에 전력을 다하여 디아코니아 실천을 하는 데에 원동력이 되었다. 이는 계급 안에서 직접 고통당하는 이들에 대한 비헤른의 첫 번째 증언이라고 할 수 있다.' 라고 게르하르트는 기록했다.[15] 이러한 기록은 역사발전 단계의 첫 출발점에 대한 하나의 표지가 되었다. 이런 면에서 테오도어 호이스(Theodor Heuss)는 19세기 독일 개신교인 중 가장 중요한 인물로 비헤른을 평가한다.

학문의 장으로 괴팅겐을 선택한 것은 여러 면에서 장점을 가지고 있었

---

15) Martin Gerhardt, J.H.Wichern, a. a. O., 63

다. 괴팅겐에 도착한 첫날 비헤른은 자신이 마치 오래 전부터 그곳에 살았던 것처럼 포근한 느낌을 받았다. 함부르크 출신의 친구들이 고향에 대한 향수를 잊도록 도움을 주었다. 비헤른은 10월 23일 자신의 어머니와 형제들에게 편지를 썼다. '괴팅겐은 함부르크처럼 아주 따뜻한 곳입니다. 게다가 여기는 유명한 사람들이 많이 살았던 곳이고 지금도 학문의 전당입니다. 이러한 감정은 예전에 그다지 느낄 수 없던 것들입니다. 내 주변의 친구들 모두가 나에게 아주 친절하게 대해주고 있어서 사랑하는 마음으로 함께 생활하고 있습니다. 앞으로 이러한 감정을 다른 곳에서도 느낄 수 있을지 모르겠습니다.' [16)]

괴팅겐은 오래 전부터 독일의 아주 높은 수준의 인문정신을 가진 도시로 각인되어 있었고 현대의 자연과학에 있어서도 역시 마찬가지였다. 여기에 해당되는 사람은 막스 보른, 오토 한, 베르너 하이젠베르크 등이다. 또한 신학부문에서는 슐라이에르마허로부터 영향을 받은 프리드리히 뤼케(1791-1855)가 있다. 비헤른은 그를 통해 성서해석학과 더불어 역사학적인 부분에 종교적인 차원을 연결하는 것을 배울 수 있었다. 이곳에서 비헤른은 뤼케와 젊은 신학자 하인리히 에발트(1803-1875), 이러한 사조에 관련된 신학자들과 동양관련 학자들[이후에 많은 논쟁이 되었던 〈일곱 괴팅겐(Götitinger Sieben)〉'의 하나인 그림 형제들(Brüdern Grimm)]과 더불어 개인적인 교류를 가질 수 있었다.

---

16) Briefe und Tagebuchblätter, D. Jahann Hinrich Wicherns. Hrsg. von Johannes Wichern, Bd. 1(1826-1848), Hamburg 1901, 82

비헤른의 하루는 아침 6시에 시작되었다. 이는 고향 함부르크에서 이미 새벽 4시에 일어나는 것이 습관으로 되어 있었기 때문에 특별한 일이 아니었다. 그곳에서의 생활에 대해 비헤른은 어머니에게 이렇게 설명했다. '커피를 끓이고 8시까지 공부하고 히브리어를 학습합니다. 그런 다음 학교에 가서 고트립 야콥 교수님으로부터 교회사 강의를 듣습니다. 9시에는 뤼케 교수님으로부터 사도행전을 배우는데 150명 이상이 그 강의를 듣습니다. 10시에는 에발트 교수님으로부터 시편강해를 듣고 11시엔 집으로 와서 에듀어트 후터와 라틴어를 강독합니다. 12시에 점심식사를 하고 오후 내내 공부를 합니다. 저녁때 30분정도 쉬고 저녁 7시 반부터 8시까지 함부르크식 차와 버터빵으로 식사를 합니다.'[17] 어떤 날에는 친한 동료들과 몇 시간 더 성서연구를 합니다. 첫 학기이기에 엄청난 양의 과제가 늘 책상 위에 놓여 있습니다!

비헤른은 신학적인 상황에 대하여 함부르크에서보다 더 분명하게 배우게 되었다. '말씀에 대한 고백이 두 개의 영적인 방향에서 인지됩니다' 라고 비헤른은 그의 후원자인 후트발커 시의원에게 편지를 썼다. 이 두 진영 사이에 아주 '적대적인' 대립이 보였습니다. '성서는 두 진영 모두의 신앙 규범으로 확고하게 받아들여집니다. 하지만 한편에서는 과도하게 시대상황을 지워버리고 문자에 고정하고 … 그들의 생각과 의도를 짜 맞춥니다. 성서는 삶 가운데 만들어진 복합성 대신에 시대상황을 받아들여야 하고, 작성되고 편집된 문장들을 검토해야 합니다. 그러한 기조에 따라 성서 자체로

---

17) Briefe und Tagebuchblätter, a. a. O., 87

부터 규정된 규범을 검증하고 싶습니다.'[18)]

   한편에서는 문자, 한편에서는 경험, 이러한 것이 하나의 전투구호처럼 들리는 것 같았다. 비헤른은 자신이 느낀 것을 다음의 편지글에서 이렇게 진술했다. '소여(所與)된 것으로서의 기독교는 인간존재 안에서 연결점을 찾아야 한다. 그리고 이러한 것은 하나님을 의존하는 관계 안에서의 절대 의식이며 신(神) 인식에 대한 노력이다.' 이러한 그의 입장은 슐라이에르마허의 신학과 종교이해에서 영향을 받은 것이다. 왜냐하면 비헤른은 이러한 의존관계는 모든 이에게 요구되어야 한다고 믿었기 때문이었다. '위로부터 영을 받는다는 것은 전적으로 다른 것이다. 그것은 하나님으로부터 직접 은혜의 선물로 받은 것을 의미하는 것이지 인간 안에서 조금씩 발전되어 가는 것을 의미하는 것이 아니다. 하나님은 회개와 신앙을 통하여 이미 내주하고 있으며 전적으로 새로운 삶의 원칙으로 이끌어 간다. 하나님은 내적인 심층부에까지 들어오시며 불길로 영적인 기능을 살리고 진정한 불세례로 오신다.'

   인간의 전적인 변화로 이끄는 그리스도교의 신지학(神智學)과 신비주의는 야콥 뵈메에게서 나온 말이 아닌가? 어쨌든 비헤른은 각성운동으로 인해 변화된 이들에 관하여 말을 하고 있는 것이 분명하다. 왜냐하면 '이러한 경험을 한 사람들은 기쁨 가운데 있게 되고 그 자신의 본성과 생각 위에 빛과 확신이 신앙을 통하여 그리스도께 연결되기 때문이다. 이로써 그는

---

18) Briefe und Tagebuchblätter, a. a. O., 84

새로운 삶의 근원을 향유한다.' 1829년 3월 21일 후트발커 시의원에게 보낸 21살 된 비혜른의 편지는 이 점에 있어 시사하는 바가 크다. '그리스도교는 삶과 인식의 상호영향 속에서 점점 더 새로운 생명의 근원으로 들어가게 하고 운동하게 합니다.'[19)

비혜른은 괴팅겐에서 실존주의적-개인주의적 원칙에만 큰 관심을 기울인 것만이 아니었다. 그는 그리스도교적인 삶 속에서 하나님 나라와 사회적 차원의 관련성에 대해서도 관심을 가졌다. 그는 이를 '하나님 자녀의 공동체(Gemeinschaft der Kinder Gottes)'라 명명했다. 삶과 인식처럼 개인과 공동체는 서로 연결된다. 이러한 인식은 이후의 비혜른의 인식에 기초가 된다. 이러한 것이 괴팅겐 시절의 결과라 할 수 있다.

1830년 3월 중순 비혜른은 교수들과 동료들에게 작별인사를 하고 베를린으로 학문의 장을 옮겨갔다. 그는 노르트하우젠, 할레 그리고 비텐베르크를 지나 베를린에 도착했다. 그 가운데 할레의 아우구스트 헤어만 프랑케가 세운 보육시설을 방문한 것은 후에 그가 '라우에 하우스(Rauhe Haus)'를 세우게 될 때 많은 것들을 시사해 주었다. 비텐베르크에서 루터가 살던 집을 방문한 것도 마찬가지였다.

베를린에서 비혜른은 괴팅겐 시절의 스승이었던 뤼케의 스승 슐라이에르마허를 알게 된다. 『종교에 대한 언설(Reden über die Religion)(1799)』

---

19) Briefe und Tagebuchblätter, a. a. O., 95

이라는 저술로 상당한 영향을 끼쳤던 프리드리히 다니엘 에른스트 슐라이에르마허(1768-1834)는 조직신학자요 설교가였다. 동시에 그는 탁월한 플라톤 번역가이자 낭만주의자의 친구였다. 카를 바르트는 슐라이에르마허를 가리켜 '19세기의 개신교 신학자'라고 평가했는데, 이에 하나의 평가를 덧붙였다. '우리는 신학에서 좀처럼 만날 수 없는 한 영웅을 만난다.'[20] 3월 31일 비헤른이 프리드리히 빌헬름 대학(Friedrich-Wilhelms-Universität)에 등록했을 때, 그 대학의 총장은 헤겔(Hegel)이었다. 비헤른은 슐라이에르마허 강의와 철학 강의에도 열성적으로 참여했다. 더불어 교회역사가였던 아우구스트 네안더(August Neander)는 비헤른에게 많은 관심을 일깨웠다. '비헤른은 그의 신학수업에 성실하게 임했지만 조직신학 영역에는 그리 큰 관심을 갖지 못했다. 반면에 역사적으로 정향된 실천적인 면에는 상당한 매료를 느끼고 관심을 쏟는다. 네안더는 이런 방향으로 비헤른을 이끈 신학적 스승이라 할 수 있다.'[21]

그럼에도 불구하고 비헤른에게 있어 간과하지 말아야 할 것이 있다. 바로 헤른후트 공동체 운동(Herrnhutischen Gemeinschaftsformen)의 영향을 받은 슐라이에르마허가 비헤른이 나중에 교육 실천을 하는 데 있어 상당한 준거 지침으로 작용했다는 사실이다. 마틴 게르하르트는 '비헤른이 나중에 갖게 되는 국민교회에 대한 이상과 이를 기반으로 진행했던 〈내적선교〉의 전적인 사역은 현실에 대한 오랜 관찰을 가능하게 한 슐라이에르마허에게 그 뿌리를 두고 있다'고 추정한다.[22] 비헤른은 라우에하우스

---

20) Friedrich Wilhelm Kantzenbach : Schleiermacher, Reinbek 1967, 162
21) Martin Gerhardt : J.H.Wichern, a. a. O., 79
22) Martin Gerhardt : J.H.Wichern, a. a. O., 87

(Rauhe Haus:1933년 비헤른이 시작한 일종의 그룹홈 시설) 사무실에 슐라이에르마허 사진을 걸어놓았다. 더욱이 그 주위에 꽃 장식을 하고 그를 '온전히 전적으로 일깨우는 스승'으로 여겼다는 사실은 당시 베를린 신학도들의 의식을 반영하는 것임을 알 수 있다.

비헤른은 베를린에서도 다양한 각성운동 그룹들과 접촉을 했다.[23] 이들 중 가장 중요한 인물 중 한 사람은 바론 에른스트 폰 코트비츠(Baron Ernst von Kottwitz 1757-1843)였다. 그는 아주 검소하며 경건한 인물이었는데, 곤경에 빠진 이들을 돕는 일에 적극적으로 참여한 인물이었다. 예를 들어, 실직자들을 위한 '일자리 지원센터'와 관련하여 베를린 지역 이외에서도 주목을 받았다. 비헤른은 73세의 고령의 노인인 코트비츠를 방문하고 깊은 영향을 받았다. 프리드리히 빌헬름 칸첸바흐는 그의 『각성운동 연구』에서 당시 베를린에서 공부하는 거의 모든 학생들은 '코트비츠가 다른 어떠한 학파와도 연결고리가 없지만 코트비츠를 방문했다'고 회상했다.[24] 이 시기에 코트비츠와의 지속적인 대화 속에서 청소년들을 위한 구조원(Rettungshaus) 프로젝트가 주제화되었다.

1831년 비헤른의 대학생활 마지막 학기에 콜레라 전염병이 프로이센의 수도인 베를린을 뒤덮었다. 이 때 철학자 헤겔이 희생당했다. 비헤른은 졸업 후 자신의 고향인 함부르크로 돌아오고 커다란 프로젝트에 헌신할 계획을 세웠다. 1832년 4월 6일 그는 함부르크 주교회에서 실시하는 신학졸업

---

23) Friedrich Wilhelm Kantzenbach : Die Erweckungsbewegung. Studien zur Geschichte ihrer Entstehung und ersten Ausbreitung in Deutschland, Neuendettelsau 1957, 82-93
24) a. a. O., 88

시험을 치렀다. 이 시험의 주제는 루터교 신앙고백에 기초한 성찬에 대한 논술이었다. 비헤른은 성찬 속에 그리스도가 실제로 현존한다는 것(共在說)을 논증해야 했고 라틴어 시험도 추가로 보았다. 이를 통하여 비헤른은 '신학박사 학위 지원생(Kandidaten der Theologie)'의 공식적인 지위를 얻게 되었다. 이렇게 길이 열린 그는 결국 오랫동안 준비해왔던 바를 실천으로 이어나가게 된다.

비헤른은 대학에서 신학적 인식을 정리하면서 얻게 된 사실, 즉 그리스도와의 만남으로 생겨난 신앙을 통하여 디아코니아를 실천하고, 이로써 수많은 곤경에 처한 이들을 섬길 수 있다는 것, 그리고 우리가 살아가는 세상 한복판에 하나님 나라가 세워진다는 사실을 점점 더 확신하게 되었다. 그는 베를린에서 어머니에게 보낸 마지막 서신에서 이러한 확신을 분명한 어조로 표현했다. '하나님을 향한 소망 가운데 이 시간까지 달려왔습니다. 이제 저에게 목표가 분명해졌습니다. 이러한 일을 위해 주님은 나를 부르셨습니다. 저는 제가 무엇을 쓰고 있는지를 알고 있습니다. 또한 저는 그것을 가슴으로 느끼고 있습니다. 우리에게 복을 주시고 영원한 축복 가운데로 인도하시는 그 분만을 섬기고자 합니다.'[25] 비헤른은 이제 일을 시작하면서 그의 생각을 분명히 정리하고 확고한 지향점을 세웠다. 이를 위해 하나님은 자신을 부르셨고 어떠한 어려움이 있을지라도 하나님은 이제 그 일 자체와 이웃을 향한 길로 그를 걷게 하셨다는 사실을 확신했다.

---

[25] Briefe und Tagebuchblätter, a. a. O., 148

실천적인 사업을 시작하다

여기에서 비헤른이 신학수업을 마치고 고향 함부르크로 돌아와 일을 시작하려 했을 때 그가 마주했던 1830년경의 상황을 정리해보자. 이른바 이성주의와 각성운동의 두 진영은 오래 전부터 홍보자료나 신문기사를 통하여 공개적으로 논쟁을 벌이고 있었다. 개신교는 북 독일에 집중되어 있었고, 다른 한편 산업혁명으로 인한 사회문제가 심각한 수준에 이르고 있었다. 이러한 사회문제는 비헤른이나 당시 사람들에게는 잘 알려지지 않았고 교회는 이 문제를 자신들의 과제로 진지하게 받아들이지 않았다. 비헤른 자신도 이러한 사회문제를 단순히 교회적이고 종교적인 틀 안에서 보았고 신앙고백적인 차원에서 바라보았을 뿐이었다. 당시 독일인들은 정치 사회적으로 자신의 권리를 박탈당하는 노동자들의 상황에 대해 분명한 인식을 하지 못했고 이러한 문제들에 대한 적절한 조처에 대해서도 대안이 없는 상황이었다.

1850년대 중반 이후로 독일 전역에 임금노동자들이 대거 등장하게 되었는데, 귄터 브라켈만은 이에 대해 다음과 같이 서술했다. '경영이 집중되고 대형 공장이 세워지면서 대량으로 양산되는 임금노동자에 대한 가설들이 생겨난다. 이제야 비로소 구시대에 정초(定礎)한 사회를 혁파할 수 있는 새로운 신분과 새로운 계급에 대해 말할 수 있게 되었다. 드디어 노동자가 사회 안에서 영향력이 있는 실체로 등장한다. 50년대에 실질 임금이 오르기 시작한다. 하지만 아직도 겨우 생존할 수 있는 최소한의 수준이다. 게다가 당시 독일은 영국과 비교할 만한 노동자보호법령이 없었다. 단지 몇 개의 법령, 즉 1839년 이래, 9살 이하의 아동은 공장이나 광산에서 노동을 금지한다는 규정과 1853년 이래, 12살 이하의 아동 노동이 금지되고 12살부터 14세 아동들의 노동시간을 12시간으로 제한한다는 법령이 고작이었다.' [26)]

비헤른보다 나이가 약 10년 정도 아래인 칼 마르크스와 프리드리히 엥겔스가 이후에 사회사적으로 진보적인 장을 마련한 것은 상당한 의미를 지닌다. 또한 한 예로 빌헬름 바이틀링은 비헤른과 같은 연배였는데, 1838년에 그는 이미 '사람이 당시 상황을 알고 있다면 어떻게 해야 하는가' 라는 주제로 자신의 입장을 발표했다. 그는 임금노동자였고 '세상물정을 알고 있었던' 재단사로 자신이 직접적인 당사자였다.

오늘의 관점에서 보면, 비헤른이 자선적이고 교회적인 차원에서 사회문제를 함부르크에서 1830년대에 이미 행동으로 옮겼다는 것, 이 사실 또한 상당한 의미를 지닌 것으로 평가된다. 이러한 실천은 오랜 기간 동안 그를 추동시킨 행동들로 이어진 것이었음을 기억해야 한다. 먼저 의회의 상원이

---

26) Günter Brakelmann, a. a. O., 40

[공장 안의 아동 노동 (1840년경)]

[함부르크 노동자 주거지 (1850년경)]

었던 마틴 후트발커를 언급할 수 있다. 그는 '그리스도교 사상사업단'을 세워 출판과 교육, 그리고 복지를 위한 국민선교를 실천하고자 했다. 그는 성서선교와 그리스도교 문서선교를 확산시키고, 도서관과 방치된 아동들을 위한 아동시설을 설립했다. 또한 견습생과 기능사들을 위한 주일학교를 세웠다. 방문봉사단은 가난한 이들 중에서도 가장 가난한 이들을 현장에서 찾는 사역을 담당했다. 이러한 모든 사역들은 한 인물, 즉 비헤른으로 이어져 십여 년 후 내적선교 프로그램으로 이행된다.

또 다른 인물로 우리는 요한 빌헬름 라우텐베르크(Johann Wilhelm Rautenberg)를 들 수 있다. 그는 성 게오르그 교회의 목사였는데 주변의 가장 밑바닥 계층의 사람들을 위한 사역을 담당하고자 했다. 특히 당시 아말리 지베킹이 시작한 '빈자구호와 병자 구호를 위한 여성결사체'는 다른 이들이 담당할 수 없는 이들을 위한 사역에 관심을 기울였다. 영국 침례교회의 모형에 따라 함부르크에서 사역을 한 요한 게르하르트 온켄(Gerhard Oncken 1800-1884)은 라우텐베르크에서 '남성 방문 결사체'와 주일학교를 세워 하급계층 아이들을 위해 헌신했다. 후트발커와 라우텐베르크 두 사람은 요한 힌리히 비헤른을 아주 진정성이 있고 종교적 열성과 실천적인 추진력이 있는 사람으로 인정하고, 루터교의 각성운동이 침례교의 자유교회적인 추동요인으로 열매를 맺도록 프로그램과 프로젝트를 제공했다. 때문에 새로운 연구에 의하면 다음과 같은 결론에 이른다. '자발성에 기초한 비헤른의 활동이 영향을 끼치는 곳 어디에서나 영국 개신교와

특히 각성운동 진영의 영향이 있었다.'27)

위험에 처한 사람이 있는데 지체할 시간이 없다. 이것이 바로 비헤른의 구체적인 상황이다. 1832년 6월 24일 라우텐베르크 목사는 24세의 비헤른을 주일학교의 책임교사로 임명했다.

이제까지는 비헤른이 자신의 가정에서 많은 곤경의 상황과 소시민적 관계의 폭이 좁은 상황을 알고 있었다면, 이제는 함부르크의 변두리 지역의 거리에서 말로 표현할 수 없는 절망의 현실들을 직접 경험하게 되었다. 구걸, 알콜중독, 매춘, 방치 아동, 아동 살해, 각종 인간의 절망상황, 부채 문제, 인권의 사각지대에서 하루하루 연명하며 살아가는 이들. 그는 일기에서 이러한 처절한 현실들을 기록하고 있다.

비헤른은 만일 사람들이 교회로 오지 않는다면 교회가 '사람들에게' 가야 한다고 요청했다. 그는 만일에라도 영적인 돌봄을 포기할 수는 없지만 '그 이전에' '즉각적으로' 몸에 대한 돌봄에 관여해야 한다고 보았다. 그리스도교적인 선포와 '영혼의 돌봄' 이전에 가능한 한 즉각적인 자선적인 도움이 필요했다. 이러한 인식은 신앙 안에서, 내적선교의 전위대에서, 동시에 현장에서 '보호를 받았던' 신학도가 얻은 결론 중 하나였다. 하지만 어떻게 이러한 도움이 가능할까? 가장 하급계층에 속한 아이들에게 단지 몇 시간 떠드는 주일학교로는 커다란 과제를 해결할 수 없었다. 그래서 구체적인

---

27) Hans Luckey: Ökumenische Einflüsse. Wichern und die angelsächsische Erwekkkungsbewegung; in: v. Hase/Meinhold(Hrsg.) : Reform von Kirche und Gesellschaft, a. a. O., 163

도움이 필요했다. 그리스도를 자신의 말씀선포의 중심에 두고 항상 교우들에게 그리스도인의 책임을 호소하는 설교자로서 비혜른은 오래 전부터 '구조원(救助院)'에 관련된 생각을 해오고 있었다. 그 안에서 교육적이고 복지적인 실천을 할 수 있다는 것을 경건하게 소망하고 있었다. 모범이 되는 사람이 없는 것은 아니었다. 비혜른은 무엇보다도 요하네스 팔크(Jonannes Falk)와 그의 '고난의 친구들(Gesellschaft der Freunde in der Not)'을 떠올렸다. 괴테의 친구인 팔크는 바이마르 '루터호프(Lutherhof)'에서 나폴레옹과의 전쟁에서 희생된 부모들의 자녀들, 고아와 방치된 아이들을 돌보았다.

1833년 2월 25일 두 개의 함부르크 주일학교협회는 신년모임을 거행했다. 비혜른은 이 행사를 몇몇 활동가들이 작은 안내소에서 상담을 하는 식이 아닌 많은 사람들 앞에서 하는 대중행사 형태로 진행했다. 필터가(街)에 있는 재단사사무소 안의 대형 무도장에 1천 명 가량의 대중이 모였다. 이제 25살 된 비혜른은 종결 연설을 했다. 그는 열정적인 연설을 통해 모인 사람들에게 자신의 생각을 뜨겁게 전달했다. 즉흥연설이 유일한 방법은 아니지만 앞으로의 일들을 위해 매우 중요하다! 후에 비혜른은 이렇게 회상했다. '내 생애에 걸쳐 두 번 하나님께서 나에게 상상할 수 없을 정도로 말씀의 온전한 힘을 주셨다는 확실한 생각이 든다. 한번은 함부르크 재단사사무소에서 주일학교축제 때 한 연설과 다른 하나는 비텐베르크 교회의 날에서 한 내적선교에 대한 연설이다.'[28]

---

28) Briefe und Tagebuchblätter, a. a. O., 153

덧붙여 하나의 중요한 전기적인 사건이 왔다. 주일학교축제에서 비헤른은 단지 즉흥적인 연설의 재능을 경험하는 것에 그치지 않았다. 얼마 후 비헤른은 청중 가운데 그의 아주 중요한 동역자가 될 사람이 있었다는 사실을 알게 되었다. 22세의 아만다 뵈메(Amanda Böhme)는 미래에 그의 부인이 된다.

인생의 동반자
아만다 뵈메와 만나다

놀라운 일이었다. 아무도 젊은 여성이 라우텐베르크 주일학교의 실무자인 '책임교사'에 지원할 것이라고는 생각하지 못했다. 이러한 사실은 젊은 남성인 비헤른에게도 이제까지 전혀 예상치 못한 일이었다. 분명하게 이것은 앞으로의 사역을 예견케 하는 사건이었다. 단순한 추정이 아니었다. 비헤른이 그의 약혼녀에게 보낸 편지와 그의 청년시절 일기에 기록된 것을 연결하여 생각해보면 이에 대한 증빙을 이어나갈 수 있다.

이 텍스트 안에는 만개하는 사랑이 넘실댄다. 아주 직관이다. 비헤른이 그녀에 대해 가진 내적인 연대감과 동류의식에 대한 확신은 대단했다. 그녀는 비헤른에게서 말이 필요 없을 정도로 자연스러운 매력을 느꼈다. 비헤른은 그녀와의 첫 만남에 이어 주일학교에서 함께 일을 시작하고 얼마 안 지난 4월 말에 연애편지를 보냈다. 비헤른은 편지로 아만다 뵈메에게 사랑을 고백하고 구애했다. 그녀가 비헤른의 고백을 받아들인 후 비헤른은 그녀의 사진을 작은 노트에 붙였다. 이제까지의 내밀한 둘 사이의 이야기가 그 작은 노트에 기록되기 시작되었다.

이러한 기록들에서 분명하게 드러나는 것은 비헤른과 이 여성과의 사랑은 처음부터 그의 직업적인 사명과 미래의 실천과 교차해 있다는 사실이다. 젊은 남성이 갖는 이성에 대한 사랑의 열정이 하나님 사랑인 아가페와 식별불가능하게 녹아져 있다. 이러한 사실은 1833년 4월 24일 비헤른이 보낸 첫 편지의 서두에 나타나 있다. 그 편지는 요한복음의 두 말씀으로 시작된다.

'세 가지를 좇아갑시다. 그것을 위해 우리 함께 도우며 일생을 살아갑시다. 사랑하는 아만다! 우리는 하나님으로부터, 하나님과 함께, 하나님을 위하여 살아갑시다. 축복 가운데 살다가 축복 가운데 하나님 나라에 갑시다!'

하나님 안에서의 이러한 황홀경은 비헤른의 삶과 업적으로부터 해석되어야 한다. 비헤른의 사랑하는 이와의 만남과 구조원을 세우고 이끄는 소명은 바로 이러한 전제에 기초한다. '내 마음이 당신을 가까이 하려 했다는 말'은 첫 편지에 언급되는데, '당신이 한 말인데, 당신은 선교에 대한 문서를 읽으며 생각했습니다.: 아, 하지만 내가 이방인일 수 있습니까! 6-7년 전에 나도 이러한 바람을 생생히 알았습니다. ……나도 역시 당신을 이해했습니다. ……그리고 나는 확신을 가지고 주님을 보았습니다.'[29]

비헤른이 구조원이란 주제를 놓고 아만다와 처음 대화하면서 가졌던

---

29) ebd.

놀라움과 내적 확신은 그녀보다 훨씬 더 컸다. '나는 당신이 내가 얼마나 구조원에 대하여 관심이 있는지에 대해 알고 있었다고는 생각하지 않습니다. 당신이 이제 가난한 아이들과 구조원에서 전적으로 살아가는 복된 일을 막 시작하였는데, 당신이 내 관심을 이해할 수 있을지요?' 이들의 내적인 일치, 사랑하는 이들과의 심정적 합일을 상상해 보라!

이러한 일치가 있었기 때문에 비헤른은 그녀에게 자신의 전반적인 생각과 미래에 대한 구상을 전할 수 있었다. 그는 다음의 사실을 확신했다. '구조원은 전적으로 새로운 것이고 사랑의 전형(典型)이다.' 그리고 비헤른의 친구들은 그가 이미 교회목회를 포기한다면 신학자, 설교가로 남을 것인지에 대해 물었다. 비헤른에게는 중도적이거나 조건부가 아닌 아주 분명한 대답이 있었다. '나는 아주 중요한 사안을 적당히 하기를 원치 않는다. 나는 그 사안에 전적으로 투신하겠다.' 그리고 그는 이렇게 덧붙였다.

'나는 신학자인 내가 구조원 시설장으로 감당해야 할 모든 일들을 수행하는 것에 대해 전혀 혼란스럽지 않습니다. 이제까지 나는 다른 곳에서도 늘 이렇게 말해왔습니다. 하지만 이제까지 그러한 직무는 독일 어디에서도 신학자가 맡아서 한 적은 없었습니다. 하나님께서 나를 인정해 주셔서 이러한 관련성 속에서 일하게 하십니다. 하나님은 이러한 관점에서 나와 함께 일을 시작하셨습니다. 그 분의 부름이 없었다면 지속적인 미래의 일은 생각할 수 없을 것입니다. 그러므로 나는 자랑할 것이 아무것도 없습니다. 영광은

모두 주님의 것입니다.'[30]

 하지만 비헤른은 연애편지에서 밝혔던 처음 계획과 생각에 머물지 않았다. 그는 시설설립 초기의 어려움에 대해 시간이 해결해 줄 것이라고 확신했다. '시설은 이미 오랫동안 진전이 있었다. 이미 여러 쾌적한 집들이 지어졌고 그 안에 어려운 상황에 처한 아이들, 남자아이들과 여자아이들, 그리고 도움에 필요한 보조 실무자들이 있다. 시설은 여러 시민들과 신뢰관계에 있고 더욱 성장하고 있다. 잘 가꾸어진 정원과 아름다운 마로니에 나무, 아름다운 과일 나무, 꽃이 핀 화단, 잘 가꾸어진 채소밭, 푸른 잔디...' 그리고 이러한 정경 속에서 비헤른은 약혼녀와 함께 모범이 될 만한 교육 프로그램을 만들었다. 그렇다. 비헤른은 아만다를 영입하고 공동의 삶에 적절한 장과 노동과 축제를 그 안에서 만들어 갔다. 비록 아만다는 그러한 것을 알지 못하였지만 이를 위해 그녀가 비헤른에게 가지 않았겠는가?

 1833년 5월 16일 그리스도의 승천일에 비헤른은 아만다에게 자신의 비전을 자세하게 편지로 보냈는데, 오늘날의 독자의 입장에서 볼 때 '아름다운 지나간 시대'라는 루드비히 리히터(Rudwig Richter)의 표현이 인상적이다. 비더마이어 시대(Biedemeier Zeit) 사조는 3월혁명 시기로 정치적으로 민감한 시대의 산물이다. 하지만 이것으로 거룩한 환상을 보여주는 쪽으로 눈을 돌려서는 안 된다. 비헤른은 오히려 대도시의 핵심부에, 방치된 젊은이들을 위한 대안처소를 치유적인 대안으로 선택했다. 그리고 그가

[30] a. a. O., 168

구상한 치유적인 교육은 혼자서 하는 것이 아니었다. 때문에 그는 사랑하는 약혼녀에게 요청한 것처럼, 그의 비전을 미래의 동역자들에게 함께 감당하자고 요청했다. 중심에는 항상 아이들이 있었다. 이것은 비헤른이 자신이 겪은 과거의 불행했던 시간으로 이끌려 가는 것이기도 했다. '새로운 어린 남자아이들과 여자아이들이 방으로 들어온다. 우리는 그들을 가운데로 오게 한다. 처음에는 겁먹은 듯 부자연스럽지만 얼마 지나지 않아 그들은 한집안 식구라는 것을 알게 된다.'[31]

비헤른은 앞으로 어떤 일이 전개될 것인가를 미리 알리는 통신원처럼 현실에 대해 광범위하게 시류를 앞질러 보았다. 왜냐하면 함부르크에 구조원을 만드는 것이 중요한 일이었는데, 도시 외곽에 적절한 수리를 요하는 집들이 있었기 때문이었다. 미래의 부인이 될 약혼녀에게 보낸 편지에서 비헤른은 처음부터 그러한 계획과 준비에 함께 참여할 것을 요청한 기록이 보인다. '나는 그러한 사안에 대해서 아직 아무에게도 말하지 않았습니다. 당신이 처음입니다. 당신의 조언을 부탁합니다.'라고 편지 결론부에서 언급하고 있다. 그의 부친의 연애편지를 책으로 출간한 아들 요하네스 비헤른(Johannes Wichern)은 다음의 소견을 첨가했다. '아버지는 라우에하우스를 짓는데 있어 라우에하우스의 미래 입장을 고려하여 관리당국에 자신의 약혼계획을 오랫동안 발표하지 않았다.'[32]

---

31) a. a. O., 172
32) a. a. O., 152

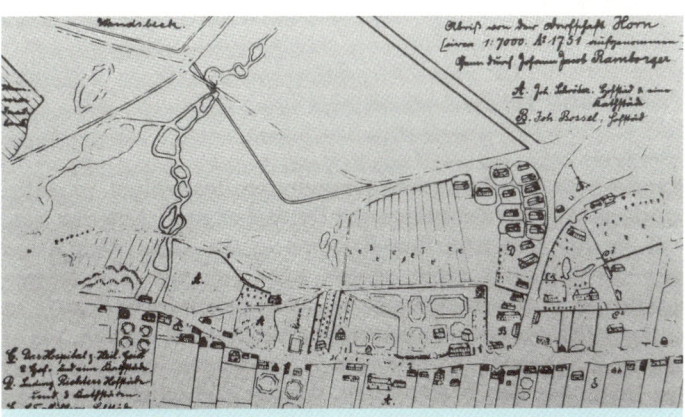

[처음 라우에하우스와 배치도]

라우에하우스

    19세기 초엽, 위기를 맞은 수천 명의 독일인들이 미국으로 이주했다. 왜냐하면 구시대에 머물고 있는 독일에서는 더 나은 삶의 가능성이 보이지 않았기 때문이었다. 또한 여기에 더하여 초기 사회주의자들이 미래사회의 청사진을 제시했기 때문이기도 했다. 그러나 비헤른은 다른 길을 선택해서 나아갔다. 그는 그가 살고 있는 바로 그 자리에서 직면한 곤경의 상황으로 다가갔다. 비헤른은 다시 한 번 약혼녀에게 앞으로 그가 하고자 하는 실천의 내용을 요약해서 편지를 보냈다. '나란히 마주한 집을 아이들의 도움으로 짓고 있습니다. 생각해 보십시오. 이 시설의 가장 중심부에는 그리스도교적인 삶이 깊이 각인되어 있어야 하고 이웃들과 끈끈한 연대를 맺고 하나님의 깊은 세계로 들어가야 합니다.'[33]

    비헤른의 프로젝트를 위해서 함부르크의 신디쿠스 지베킹(Syndikus Sieveking)은 함부르크 호른(Horn)에 있는 자신의 땅에 있는 밀짚으로 덮인 작은 집을 제공했다. 물론 비헤른이 보기에는 아주 작고 집의 상태가 양호

---

33) 1833년 5월 9일 편지, Martin Gerhardt: J. H. Wichern, a. a. O., 162에서 인용

하지 않아 보였다. 하지만 일단 시작하는 것이 중요했고, 또한 이른바 구조원(Rettungshaus:救助院)으로서 '라우에하우스'에는 주변에 대지가 있어 앞으로 확장할 수 있는 여러 장점이 있는 곳이었다. 비헤른은 결정적인 순간에 지원을 줄 수 있는 이들을 찾았다. 비헤른은 그의 프로젝트를 공개적으로 홍보하지 않고 다만 적극적으로 참여하는 그리스도인들과 후트발커, 그리고 라우텐베르크의 도움으로 이 계획의 실질적인 일들을 실현해 나갔다.

1833년 여름이 지나면서 외형적인 틀이 마련되었고 그 후 각 분야의 책임을 맡은 이들이 조직되었다. 이제 비헤른은 미래의 사업에 대해 좀 더 구체적으로 구상해 나갈 수 있었다. 1833년 9월 12일 드디어 라우에하우스의 창립모임이 개최되었다. 리모델링 된 라우에하우스는 변두리의 시설 규정이 분명해지는 기회를 마련했고, 단순히 고아원이나 아동보육소 혹은 빈민학교나 아동긴급 보호소가 아니라 정관에 따라 공공구조기관(Rettungsanstalt)이 되어야 했다. 이를 위해 구조원은 더 이상 부모들이 양육을 할 수 없는 '방치된 아이들(남자아이들과 여자아이들)을 위해 견진성사를 받을 때까지 교육과 훈육을 하는' 곳이 되었다. 그래서 보육사업은 부모 대신에 교육을 하는 장이 되었다.

이것으로 교육 형태에 대한 사전결정은 정리가 되었다. 즉 **가족원칙**이 적용되어야 했다. 12명 이하로 구성되어야 하는 '아이들 가족' 안에는 성인 아버지와 어머니 역할을 하는 이가 있어야 했다. 실제적으로 비헤른은 처음부터 동역자 문제를 해결해야 했다. 자신의 경험으로 비추어 비헤른은 자신이 아버지의 위치에 있으면 구성원 중에서 어떤 형제들은 어린 형제들을 위하여 형의 역할을 해야 하고, 그러한 이들을 통해 가족이 구성될 수 있다는 것을 알고 있었다. 그러한 '형제들'을 찾기 위해 비헤른은 주위를 물색하고 그들에게 중요한 과제를 준비하도록 했다. 즉 아이들의 구조원은 교육을 맡은 동역자들이 함께 사는 형제의 집 형태로 있어야 한다는 것이었다.

10월 31일, 비헤른은 그의 첫 '동역자들'과 함께 일을 시작하기 시작했다. 동역자들은 그의 어머니와 19살 여동생 테레세와 그의 14살 남동생 빌헬름이었다. 집안에는 세 개의 방이 있고 위에 있는 다락은 침실로 정비했다. 헛간과 돼지우리는 아직 있었고, 온실은 작은 방에 붙어 있고 그 안에는 정원 관리사가 살았다. 이러한 모든 것은 아주 소박한 시작을 말해준다. 하지만 국가나 교회의 어떠한 도움도 없이 개인적인 추진력으로 시작했다는 것은 사회교육학적으로 의미가 있다. 비헤른은 때로 베들레헴의 말구유가 기억난다고 했다. '라우에하우스는 어린아이들의 구유이다!' 11월 8일, 라우에하우스에 세 명의 남자아이들이 처음으로 들어왔고, 그 해의 말에 12명의 그룹이 완결되었다. 가장 어린 아이는 5살이고 가장 나이가 많은 아이는 18세인데, 모두가 함부르크 빈민 노동자의 자녀들이었다. 각각의 아이들은 모두가 힘겨운 개인사를 갖고 있었다. 이제 개인적인 아픔은 가족 안에서 개별적으로 도움을 받고 그리스도교적인 가족을 통하여 도움을 받게 되었다. 비헤른은 전력을 다해 이들에게 구조의 손을 뻗쳤다.

비헤른의 약혼녀에게 보낸 첫 편지에 서술된 미래의 시설 모습과 발전은 얼마 후에 놀랍게도 현실로 나타났다. 공공연한 비판의 목소리가 있었지만, 계속해서 아이들을 받아들여야 할지에 대한 문제가 점점 중요한 주제가 되었다. 비헤른이 시설의 운영에 참여하는 것에 대한 비판도 있었지만 드러내놓고 하기에는 애매한 부분도 있었다. 그래서 기껏해야 저급한 비난을 하는 사람들도 있었는데, 그들 중에는 때로 '목사' 나 소위 '명망가' 들도 있었다. 어떤 사람들은 시설이 넘쳐난다고 비난하기도 했다. 하지만 시설에 아이들을 보낸 부모들과 아이들을 돕는 교인들, 그리고 의식 있는 목사들은 이러한 소리들을 적극적으로 반박했다. 이들은 모든 종류의 힘을 동원해 비헤른의 사역을 지원할 태세가 갖추어져 있었다. 비헤른은 이런 상황에 흔들리지 않았다. 그는 처음으로 '교육보조원들' 을 고용했다. 이듬해에 그는 그들을 '상급 보조원'으로 승격하여 조직을 갖추었다. 비헤른은 신학을 공부한 이들을 설교가, 목회자 그리고 교사로 세웠다. 하지만 처음 온 이들에게는 이들과는 다르지만 적절한 일거리를 주었다.

여기에서 첫 보조원 중 한사람을 소개해 본다. 제빵사인 요셉 바움가르트너는 이전에 보이겐(Beuggen, 스위스)의 크리스티안 하인리히 첼러(1779-1860)의 빈민을 위한 교사전문학교에서 교육을 받고 걸어서 바젤에서 함부르크까지 왔다. 라우에하우스의 가장인 비헤른은 그에게 충분한 사례를 제공할 수 없었다. 하지만 요셉 바움가르트너는 처음부터 깊은 신뢰 가운데 라우에하우스의 일원이 되었다. 왜냐하면 그는 라우에하우스에

막 도착하기 전, 가까운 연못에서 구조를 요청하는 소리를 들었다. 정원사의 아이가 물에 빠져 허덕이고 있었고 라우에하우스에서 다급하게 달려온 아이가 도움을 청하는 위험상황도 벌어졌다. 바움가르트너는 두 아이를 모두 구해 주었다. 구조원 안에 동역자를 위한 좋은 징조가 되는 사건이 벌어진 것이었다.

비헤른의 가장 중요한 동역자는 이미 가정의 어머니로 선정된 약혼녀 아만다 뵈메였다. 집과 관련된 문제와 '관리인'의 경제적 안정에 대한 문제가 해결된 이후에야 비로소 비헤른은 그들의 약혼을 공개적으로 알렸다. 1835년 10월 29일 라우텐베르크 목사는 막 완공된 새 건물의 현관홀에서 젊은 부부의 주례를 섰다. 라우에하우스의 확장공사를 위한 초석을 놓는 일을 할 때 라우에하우스의 큰 아이들은 공사재료를 옮기는 일을 도왔다. 비헤른은 크고 하얀 글씨로 시편 84편의 말씀을 주춧돌에 새겨 놓았다. '주 하나님은 해요 방패이시라.' 이 문구는 이후 라우에하우스의 중심 슬로건이 되었다. 비헤른은 이 문구를 1835년 5월 31일 초석을 놓는 기념식에서도 다시 한 번 강조했었다.

'이 말씀은 우리 라우에하우스의 영원한 고백입니다. 앞으로도 계속 이 말씀은 남아 있어야 합니다. 우리는 영원하고 변치 않는 생명의 기반 위에, 그리스도인의 희망이 요동치 않는 반석 위에 세워집니다. 우리에게는 폭리를 취하는 불안정한 자본과 다른 어떤 자산도 대체할 수 없는 영원한 생명의 모퉁이돌이 있습니다. 우리는 우리 인간의 구원자이시고 구세주이신 예수 그리스도 위에 이미 세움을 받았습니다.' [34]

이같은 말씀에 특별히 첨언하는 것은 불필요하다. 비헤른과 그의 선배들은 이 말씀, 즉 구조원을 예수 그리스도의 구원의 관점에서 이해해 왔기 때문이다. 그렇게 보면 비헤른의 디아코니아 실천은 파울 필리피(Paul Philippi)의 '그리스도 중심적 디아코니아(Christozentrische Diakonie)'의 방향에서 이루어진 것이다.

---

34) Wichern, Gerhardt, a. a. O., 167

교육자로서 비헤른의 교육적 구상

라우에하우스는 몇 년 안에 주변인들로부터 그 시대의 필수적인 시설로 널리 인정받게 되었다. 많은 이들에게서 압도적인 지지를 얻었고 경제적인 면에서도 그러한 시설은 꼭 정당하며 꼭 필요한 것이라고 인정받았다. 시설의 재정은 교회와 개별 교인들의 자발적 기금과 물품, 부모들의 연금을 통해 충당되었으며, 사립재단처럼 아주 절약하면서 운영되었다. 또한 부족한 운영비용은 부분적으로 자급자족형태로 채워졌다. 구체적으로 보면 텃밭을 가꾸고 가축을 키워 필요한 식료품 등을 마련하여 부족한 부분을 채웠고, 직업교육을 받은 나이 든 청년들은 집과 농장과 텃밭에서 함께 일을 했다. 이러한 상황으로 인해 초창기에는 가족이 있는 관리인의 경우 시골교회 목사의 수준과 비슷한 정도의 생활비를 받았다.

비헤른에게는 일곱 명의 자녀가 있었다. 1836년 9월에 첫 딸 카롤리네(Caroline)가 태어났고, 1845년에는 일곱 번째 아이인 요하네스(Johannes)가 비헤른 가족의 셋째 아들로 태어났다. 여러 신축건물이 세워

[라우에하우스 학생들 수업광경]

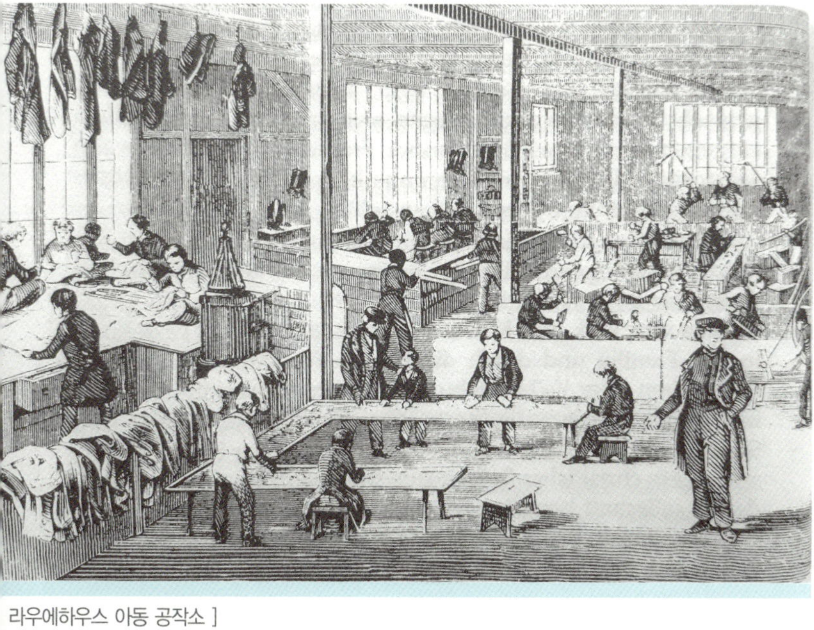

라우에하우스 아동 공작소]

짐에 따라 계속해서 아동가족 단위가 생겨날 수 있게 되었다. 많은 걱정에도 불구하고 비헤른은 모험을 감행했다. 이미 1835년 말에 그의 여동생 테레세(Therese)가 이끄는 여자아동가족 단위가 시작되었다. 여기에 온 아이들도 아주 비참한 경험을 한 아이들과 청소년들이 대부분이었다. 예를 들면 성적인 방임에 내동댕이쳐진 아이들이 그 한 예에 속한다. 비헤른은 자신의 교육학적 구상을 아이들의 교육에 적용할 때 부족한 면이 있다고 느끼면 지체하지 않고 자신의 친구들에게 상담을 요청했다.

비헤른은 자신의 과제를 단지 아동과 청소년 교육에만 국한하지 않았다. 이미 그는 신학교육을 통해 국민과 교회라는 틀 안에 그리스도교적인 가족이 중요한 기초단위로 편입되어 있음을 확신하고 있었다. 때문에 그는 가족 안에서 행하는 가족을 통한 교육을 국민교육의 통합적인 구성요소라 여겼다.[35] 그는 가족과 같은 작은 단위로 시작하는 것은 교회와 국가 전체에게 유익한 것이 확실하다고 여겼다. 비헤른은 사회 안에서의 개혁활동을 위하여 가족 안에서 이루어지는 치유활동은 그리스도교가 맡은 중요한 역할이라고 보았다.

비헤른의 교육적인 구상을 쉽게 이해하려면 그의 교육학적 문헌들을 연대기적으로 나열하며 읽는 것이 최상의 선택이 될 수 있다. 그의 교육적인 구상은 이미 약혼녀에게 보낸 편지에서 드러난다. 더 구체적으로 그의 구상은 1833년 9월 12일에 행한 라우에하우스 출범식에서 한 인사말에서 나타

---

[35] J. H. Wichern에 대한 Karl Janssen의 서문: 선정된 문서, a. a. O., Bd. II, 9: '비헤른은 국민교육의 전체적인 업적에 확실하게 기여를 했다.'

난다. 그 이후 10여 년 동안의 비헤른의 연설과 출판물을 보면 그의 구상이 더욱 구체적으로 나타난다. 사실상 비헤른의 교육학적 추동력(推動力)은 그가 실천한 일들과 대부분에 연계되어 있다. 하지만 그는 자기의 교육원칙을 전혀 체계적으로 서술하지는 않았다.

  수많은 비헤른의 문서에 대한 개괄적인 면을 정리하고자 한다면 먼저 그의 사업의 기반이 된 신학적인 틀을 분명하게 서술해야 한다. 여기서 두 가지 축, 즉 개인적인 문제와 공동체에 관한 문제에 관한 질문을 던져야 한다. 구체적으로 말하면, 하나님 앞에서의 인간으로서의 개별인간, 예수의 비유에서 의미한 '잃어버린 아들'은 그의 교육학적 노력의 목적이었다. 하지만 비헤른이 말하는 **개인원칙**은 전혀 관계성을 배제한 개인주의에서 나온 것이 아니다. 이를 위해 젊은 성서신학자 비헤른은 이미 그리스도교 성서로부터 그의 실천을 위해 요구되는 규준점을 정확히 인식하고 있었다. 그의 성서 이해는 당시 위대한 교육자들인 요하네스 팔크(von Johannes Falk), 페스탈로치(von Pestalozzi), 첼러(Zeller) 그리고 다른 이들이 경험한 것으로부터 나온 것이다. 그래서 비헤른은 성서를 하나님 나라에 관한 내용으로부터 공동체, 민족, 그리고 교회를 포괄한 전체적인 것으로 이해했다. 이렇게 선포되고 준비된 나라는 문제가 전혀 없는 에덴동산이 아니었다. 하지만 비헤른은 이렇게 사람을 방치하여 죄에 연루되게 하는 사회 안에서 악의 권세와 죄에 대항한 그리스도의 투쟁에 참여해야 한다는 신학적 안목을 갖게 되었다. 곤경 속에 빠진 사람을 도외시하는 죄로부터 해방

되어야 했다.

 비헤른이 경제적 사회적 재편과정에 대한 자율성을 어떻게 간파했었는지, 가령 있다면 어떤 기준을 가지고 그런 점을 간파했는지에 관련된 대답이 기록된 문서가 있다. 비헤른은 정치적으로 보수적인 입장이었고 기존의 사회적 관계를 하나님으로부터 이미 전제로서 주어진 관계로 보았기 때문에 급진적으로 사고의 전환을 하기가 어려웠다. 또한 라우에하우스의 가장에게 주어진 분주한 교육 일상에서 이러한 기대는 너무 높은 것이었다. 하지만 이것으로 그의 교육학적 업적이 축소 평가되는 것은 아니다. 비헤른은 그가 하는 일에 있어서 필수적인 것과 자기가 원하는 것을 이론화하지 않았다. 오히려 실천적인 과정에서 개념과 목표를 설정해 나갔다. 교육적인 면에서도 다양한 방식으로 변용되는데, 두 가지의 목표와 원칙이 주어졌다. 즉 자유와 사랑, 해방과 사랑, 이 두 개는 인간의 인간됨을 위하여 중요한 사안이다. '구조원'은 이를 위해서만 존재한다.

 먼저 자유가 의미하는 것은 아이들 각자가 처음으로 라우에하우스의 문턱을 넘어서게 하는 것이었다. 그 아이들에게 '모든 것이 용서되었다'. 그들의 과거와 죄와 정신적 쇼크를 통하여 생긴 상처에서 벗어나 치유적인 '가족' 안에서 완전히 새로운 삶의 단계를 시작할 수 있다. 여하튼 이러한 것이 주어졌다. 비헤른이 생각하는 자유는 '내적, 외적 삶의 운동 안에서 개별 학생들의 자유와 개별 교육 보조원들이 그의 영향권에서 도움이 되는

행동을 발전시켜 나가는 자유이다.'[36]

비헤른은 초기에 발간한 연중보고서에서 '감독과 감독자(Aufsicht und Aufseher)'라는 주제에 대해 이야기했다. 오늘날 이러한 표현은 의심의 여지 없이 오해받기 쉽다. 하지만 비헤른은 감독과 감독자라는 용어를 사람을 의심하거나 통제하는 사람을 의미하는 것으로 사용하지 않았다. 왜냐하면 '여기에서 의미하는 감독은 학생들로 하여금 그들 스스로의 안목을 높이고 삶의 공동체, 삶을 녹여내는 것에 방향이 맞추어진 것이고, 이를 통하여 그들 안에 구원하는 사랑을 깨우고 주의력을 촉진시키려는 것이었다. 이러한 사랑은 새롭고 맑고 거룩하고 순결한 빛과 생명을 무조건 불어넣고자 하는 마음이다. 구원하는 사랑은 형제적 사랑의 실천적인 이성이다. 그것은 봉사와 편협한 허드렛일로 축소되지 않는 정서이다.'

라우에하우스의 사역은 분명히 보육교사와 학생 간의 전적인 협력과 전폭적인 연대를 지향했다. 비헤른은 말한다. '공무원이 가난한 사람을 내면적으로 동등한 관계에서 만나지 못한다면 그들을 이해하기가 쉽지 않다. 이런 이유로 말과 행동으로 서로 알아나가야 한다. 그렇지 않으면 서로를 이해할 수 없다.' 1839년 교육에 관한 보고서에서 비헤른은 같은 연관성 속에서 '구원하는 공동체' 안에서의 교육을 실행에 옮기고자 한다. 이러한 공동체는 권위적인 메커니즘이나 당시의 위협적인 방법에 반해서 청소년 형벌로 죄를 감하는 것이 아니었다.

---

[36] J.H.Wichern, 선정된 문서, Bd. 1, 59이하.

때문에 비헤른은 다섯 번째 해의 보고서에서 다음과 같이 진술했다. '우리의 목적은 죄를 지은 아이들이 하나님 나라를 향하여 달려가게 하고, 죄의 수치에서 벗어나 하나님 자녀의 자유와 영광을 바라보게 하는 것이다. 시민적인 향상은 무엇인가? 내면의 생각이 변화하지 않고 그러한 향상을 기대할 수 있겠는가? 죄로부터의 자유가 아닌 다른 의미의 자유는 어떠한 가치가 있는가? 진정한 자유는 하나님 안에서의 자유가 아닌가? 힘 있는 이들은 힘없는 이들을 결과적으로 누른다. 우리의 사역은 우리 아이들을 진정한 의미에서 그리스도교적 존재로 받아들이는 것이다.'[37]

이러한 길에 이르게 하고 혹은 최소한 이 길을 가게 하기 위하여 비헤른은 신뢰의 중요성을 강조했다. 이미 그는 1833년 출범식 연설에서 이러한 근본 의도를 밝혔다.[38] 사실상 라우에하우스는 담이나 울타리, 자물쇠, 빗장 같은 것이 없었다. 또한 정보원도 없었다. 모든 것은 처음에 한 말 [용서의]에 진실성을 담고 있어야 한다. 아무 것도 이와 같은 것을 의심할 수 없다. 아이를 이해한다면, 아이들이 그리스도를 피난처로 여길 수 있어야 한다. 그리스도에게 피난처를 두어야 한다. 이러한 기반에서 라우에하우스의 생활이 이루어졌다. 배움과 노동이 주를 이루었지만 때때로 교회 기념일에 축제가 있었다. 이러한 것들의 실제적인 목적은 아이들로 하여금 자신의 삶의 자리를 스스로 찾게 하는 것이었다. 더 나아가 자신의 발로 당당하게 삶을 살아가게 하고 그의 운명을 스스로 결정하도록 돕기 위한 것이었다.

---

37) Martin Gerhardt, a. a. O., 203
38) 참조. 〈요한 힌리히 비헤른에 대한 증언〉에 관련된 장

그리고 비헤른은 민족과 교회 안에서 개인을 통합하여 가족의 통유성(通有性)을 통해 '아동가정' 사회를 위한 연습의 장으로 받아들이게 하고자 했다.

비헤른은 가족원칙의 의미를 교육문제에 관련한 수많은 강연과 글에서 진술했다. 비헤른은 다음의 사실을 강조했다. '일하는 청소년은 도움을 받아야 한다. 구조하는 사람들이 그 분야에서 가족을 다시금 세워내어야 한다. 가족은 그리스도교 사회적 삶과 그리스도교적 사업에 있어 출발점이다.' 39)

또한 비헤른은 청소년교육에 있어서 다른 측면에서 접근을 하기도 했다. 그리스도교적 교육은 비헤른에게 있어 '하나님나라를 위해 사람을 만들어 나가는 것'이다. 그것은 예술가적인 활동을 전제한다. '그러므로 교육은 확실히 인간 자신에 관계해야 하며 인간에게 확장된 예술이다.' 40)

---

39) J.H.Wichern, 선정된 문서, Bd. 1, 212
40) Peter Meinhold, Wichern Saemtliche Werke(전집): Bd. 7, Hamburg 1975, 260

라우에하우스에서
내적선교로

비헤른이 이해한 교육사업(Erziehungsarbeit)과 '교육예술(Erziehungskunst)'은 결코 가족적이고 사적인 공간에만 국한되지 않는다. 그에게 있어서 교육은 항상 공적이고 사회적인 차원, 더욱이 라우에하우스에서는 그리스도교적 지역시민 같은 성숙한 국가의 시민을 형성하는 문제로서 교육에 대한 관심을 기울였다. 비헤른은 '하나님나라'에 대한 이러한 신학적인 관점을 중요시했다. 때문에 라우에하우스는 '하나님으로부터 받은 네 개의 요소인 가족, 학교, 시민단체와 교회'를 뚫고 들어가야 했다. 이러한 것은 보육원 같은 작은 공공조직도 해당되었다. 이러한 작은 단위의 일로 인해 개별적인 힘은 더 넓은 영역으로 확장될 수 있었다. 비헤른의 교육 실천은 처음부터 오직 공동체사업이었다. 비헤른의 어머니와 자매 그리고 부인은 필요적절하게 '형제들'과 조력자들로부터 도움을 받았다.

1843년 비헤른은 함부르크 호른의 라우에하우스 안에 독일 개신교 내적선교 신학교인 실무자 연구소의 첫 소식을 전했다. 그에게 중요한 것은 먼저 정규실무자 교육 과제를 더 집중하게 하여 교회의 의무인 디아코니아 실천을 공고히 하기 위한 것 이었다. 이를 통하여 프로그램화된 표제어인 '내적선교(Innere Mission)'가 생겨났다. 그리고 그 표제어인 '**내적선교**'는 스스로 자기발전을 해나가기 시작했다.[41] 1년 후(1844년) 비헤른은 좀 더 보강된 문서인 「개신교 교회의 위기와 내적선교」에서 실무자에 대한 문제를 새로이 제기했다. 비헤른은 지난 1년간의 사업에 대하여 주변의 작은 시설 상황을 보고하는 대신 대중들을 향해 발언했다.[42] 먼저 '미래의 직업을 준비하는 형제들의 현재의 사역 현장'이란 주제로 이야기했다. 이 주제의 제목 그대로, 비헤른은 실천과 먼 '강단주의(Seminarismus)'에는 별로 관심을 갖지 않았고 이러한 강단주의를 비헤른은 다음과 같이 설명한다.

'여기에 일단 발을 들여놓고 즉각 일에 투입되었으나 별로 의욕이 없는 사람, 교육은 받았다고 하지만 자신의 사랑을 드러내려고 자신의 생각을 고수하는 사람들은 단지 사랑을 소유하고 있다는 착각에 빠진 이들입니다.'[43]

1844년 비헤른은 지나간 10년간의 교육적인 경험을 회상해 보았다. 약 80여 명의 청소년들은 항구도시 함부르크의 입구에 있는 집에서 형제들과 직원들, 교사들, 그리고 가족들을 포함하여 거의 130여 명이 함께 살게 되었다. 약 80여 명의 청소년들이 지난 10여 년간의 라우에하우스 생활을 마치고 그곳을 떠나 이미 자신의 길을 가고 있었다. 비헤른은 다시금 그의 원칙을 말했다.

---

41) Martin Gerhdt, a. a. O., 261: 비헤른은 이미 1836년에 때때로 '내적인 선교(innere Mission)'에 관해 말한다. 이 표현은 '내방선교(inländische Mission)'로 1841년까지 바뀌어 표현된다.
42) J.H.Wicher:, 선정된 문서, Bd. 1, 59이하
43) a. a. O., 74

'높은 목표를 두고 가능한 한 신중하게 내면적인 것과 외면적인 것을 연결하여 총체적인 사역을 해 나감에 있어 영적인 사역이 절대적으로 필요하다. 또한 사역자가 많이 필요하다는 사실은 논의의 여지가 없는 일이다. 이러한 사역과정에 시설 안의 사랑과 영적인 보호막이 없이 아이들에 대한 생명운동을 할 수가 없다는 사실을 아주 중요하게 생각해야 한다. **압박이나 강요함이 없이** 모든 것은 **내면의 자유함**으로부터 생겨나야 한다. 살아있는 질서가 가족생활, 작업 동아리, 강의, 공동 기도회, 그리고 일반적이고 특별한 감독 아래 살아 움직여야 한다. 어른들의 모든 행동은 아이들에게 새로운 생명을 보호하고 깨우고 훈련하게 하고 촉진할 수 있어야 한다. 더 나아가 지나간 낡은 삶의 뿌리와 어린 싹, 가지, 줄기, 그리고 꽃과 열매를 제거하는 목적으로 나아가야 한다. 각 아이들 안에서 이러한 일을 감당해내는 과제가 시설의 보조원으로 있는 형제들의 첫 임무이다. 말씀을 전하는 보호자로서, 새로이 생명의 싹을 틔우는 젊은 맹아(萌芽)를 돌보는 자로서, 눈에 띄지는 않지만 하나님 나라의 직접적인 촉진자로서, 이런 의미에서 형제들은 아이들에 대한 감독을 한다.'[44]

이러한 실무자들은 가정공동체의 외적인 활동영역과 더불어 내면적인 문제에 관련된 모든 영역에서 '구원하는 사랑의 마음'을 가져야 한다. 학교나 작업장, 놀이시간이나 여가시간에 실무자 개인이 '순례하는 형제'로서 자신의 은사와 능력을 투여해야 한다. 비헤른은 가능한 한 다양한 삶의 실질적인 활동을 중요시했다.

---

44) a. a. O., 75

비록 라우에하우스의 형제들이 이곳에 있는 '아이들이 유용하고 다양한 일, 즉 구두수선공, 재단사, 가구공, 슬리퍼 제작공, 방적기술자, 서적제작인 혹은 영농인 등 일자리에 안착하는 것'을 바라고 있었지만, 이곳에 입소한 어려움에 처한 아이들은 단지 직업훈련을 받거나 피보호자로 온 것이 아니었다. 실무자들은 아이들을 위해 성서 역사나 기독교 교리를 설명하는 기본적인 강의를 할 수 있어야 하고 아이들을 목회적으로 돌볼 수 있어야 한다고 비헤른은 실무자들에 대한 생각을 덧붙였다. 결국은 라우에하우스 형제들이 앞으로 다양한 참여를 할 수 있는 가능성을 갖추는 것이 중요하다는 결론이었다. 때문에 비헤른 사업단에서 몇 년간 일하는 것 자체가 상당한 장점으로 작용하는 것은 놀랄 만한 사실이 아니었다. 라우에하우스 형제들은 얼마 되지 않아 독일의 다른 지역의 형제의 집과 디아콘 시설 중에 모범사례로 인정받게 되었다.

비헤른은 실무자들이 반드시 교육을 받은 후에야 '내적선교'의 발원지, '라우에하우스'에 참여가 가능하도록 했다(마르틴 게르하르트). 이제 '내적선교'라는 표제어는 동시대의 출판물에서 빈번하게 등장하게 되었다. 내적선교의 개념은 처음엔 라우에하우스에서 (즉 실천적인 경험으로부터) 형성되었고, 이후로는 내적선교 자체로 이해되었다. 이와 함께 비헤른은 「개신교 교회의 긴급상태」라는 문서에서 그가 당시에 사용한 용어인 내적선교에 대한 의미를 함축적으로 요약했다.
이를 정리하면,

내적선교는 자율적인 결사체 안에서 신앙인들이 하는 교회의 규정된 사업이고, 하나님 나라를 이루는 것에 관련된 사업을 목적으로 한다. 동시에 내적선교는 본질적으로 신앙고백을 통해 구원하는 사랑의 행동으로 이어지고 보편적인 사제의 성격으로 완결된다.' 45)

비헤른은 그가 무엇에 관하여 말하고 있고 무엇을 위하여 호소하는 것인지에 대하여 잘 알고 있었다. 그는 물질적이고 영적인 곤경 속에서 '위로에 목마른 대중'을 보았다. 그는 그러한 대중들을 함부르크의 현실 속에서 직접 눈으로 보았다. 더 나아가 다른 지역의 상황도 면밀한 조사를 통해 이미 알고 있었다. 야만과 범죄는 교도소와 강제노동 갱생원(更生院)을 통하여 다스리도록 국가가 권한을 갖는다. '하지만 교회는 그러한 것에 대해 어떤 일을 하는가? 또한 그들이 가지고 있는 기관을 통해 무엇을 하고 있는가? 교회는 생명의 씨앗을 어디에 뿌리는가? 혹시 죽음의 광야에 뿌리는 것은 아닌가?' 이러한 현실을 보면서 비헤른은 1844년에 이미 내적선교를 고려하고 있었다. 비헤른은 혁명이 일어난 후, 비텐베르크에서 공적으로 자신을 드러내기 4년 전, '우리 시대의 삶에 대한 깊은 질문이 전방위로 던져지고 아직도 해결할 수 없는 물음들이 쏟아져 나온다.' 라고 당시의 상황을 표현했다.46)

비헤른은 내적선교가 국가나 정부에 속한 국가교회를 통하여 규정되어서는 안 된다는 것을 알고 있었다. 때문에 그는 루터교적으로 모든 신앙인

45) a. a. O., 60
46) a. a. O., 59

들의 보편적 사제직을 받아들여 자율적 결사체를 만들고, 그 안에서 교인들이 자유로운 실천을 하도록 장려했다. 즉 교회가 성직자 중심으로 제한되는 것을 부정적으로 생각했다. 요한 힌리히 비헤른에 의한 내적선교에 대해 함부르크의 감독이자 함부르크 도시선교회 대표로 오랫동안 시무한 카를 비테(1966년 사망)는 다음과 같이 요약했다.

'내적선교는 시설의 복합단지가 아니라 교회의 관(觀)이고 결정이고 개혁이다. 내적선교는 참회와 행동을 통한 새로운 시작이고 새로운 파송이며 전체 국민을 향한 전 교회의 운동이다.'[47]

비헤른이 함부르크에서 라우에하우스 첫 출범 이후 100년간의 결과를 서술한 이 문구는 비헤른의 처음 구상이 옳았음을 상기시켜 준다. 비헤른은 단지 그의 역할을 라우에하우스의 감독자나 가장, 교육자나 교사, 설교가나 목회자로 제한하지 않았다. 독일 전역에 걸친 많은 여행과 폭넓은 서신 교환 그리고 다양한 출판 활동을 통하여 그는 '구원하는 사랑'이 전 교회에 하나의 운동으로 나아가는 발판을 마련했다. 하지만 이러한 참여와 호소, 이 모든 노력이 시대의 요구에 상응했는가? 내적선교는 1848년에 일어난 혁명의 시간에 깨어 있었는가? 아니면 함부르크의 신학지망생은 혁명의 원인을 극복하기보다는 사회적 곤경을 줄이는 복고적인 도구로만 여기고 호소한 것은 아니었는가?

---

47) Karl Witte, 인용. Hans-Volker Herntrich: Im Feuer der Kritik. Johann Hinrich Wichern und der Sozialismus, Hamburg 1969, 36

이에 대한 적절한 답을 찾기 위해서는 다음을 고려해야 한다. 즉 비헤른은 정치적으로 보수적인 입장을 분명히했다. 내적선교는 분명히 국가적인 과제를 수행하는 것이다. 1840년 이래 지배해온 프로이센의 왕 프리드리히 빌헬름 4세처럼 비헤른도 이상적인 국가상을 '그리스도교적 국가'로 보았다. 개인은 거대한 민족과 함께 연계되어 행복과 불행을 함께하는 존재이다. 그 안에서 '개신교의 중심으로부터 연원한 그리스도교적 이상'을 실현하는 것이 필요하다.[48] 비헤른이 1845년 4월 10일에 보낸 편지에 다음의 문장이 나온다.

'1800년 전에 그리스도가 사람으로 오신 것처럼 그리스도는 이제 국가 안에 임하고자 한다.'

그와 동시에 비헤른의 국가상은 프로이센 왕의 낭만주의적 목표상과 멀지 않았다. 그는 1844년 이래 라우에하우스의 대표직을 다시 받아들이고 업무에 임했다. 이러한 점에 있어서 비헤른에게는 교회와 국가 간의 연결 가능한 부분이 있었다. 비헤른은 신학적인 성찰을 통해 그리스도교적 국가와 그리스도교적 사회의 이데올로기는 일치될 수 있다고 보았다. 그의 사회적 디아코니아적 목적은 양심에는 어느 정도 영향을 미칠 수 있었지만 봉건시민계급의 고정된 계층구조에는 도달할 수 없는 한계가 있었다. 비헤른이 제기한 사회개혁 제안들은 먼저 사회적 역할 수행자들의 사고의 전환에 방향이 맞춰져 있었지만 사회적 상태 자체를 변화시키지는 못했다.[49]

---

48) 참조. Martin Gerhardt: Johann Hinrich Wichern, Bd. II, 50
49) Gunter Brakelmann: Denkschrift und Manifest, in: v. Hase/Meinhold(Hrsg.), Reform von Kirche und Gesellschaft…, a. a. O., 34

[1848년 혁명광경, 베를린 – 노이쾰른 시청 앞 바리케이드]

그런 이유에서 비헤른의 사고 단초에 대한 시대적 한계와 조건에 대한 평가는 이미 밝혀졌다. 그런데 '구원에서 먼 백성에 대한 그리스도교적이고 사회적인 재생'을 실현하려는 비헤른의 의도를 고려해 볼 때 그의 내적선교의 구상 안에서는 국제적인 곤경이 언급되지 않았다. 물론 '사회적 개혁'이라는 표현이 독일 내적인 경계로 한정되지 않기 때문에 국가를 넘어선 사업이라고 할 수 있다. 하지만 '국제적인 사업 안에서 국가의 특성이 결코 무시되는 것은 아니다. 비헤른은 그리스도교적 민족의식으로 평준화된 국제주의를 멀리하고, 건강한 민족의 기반 위에서만 실질적인 국제적인 사업이 가치가 있는 것으로 여긴다.'[50]

---

50) Martin Gerhardt, a. a. O., 48

혁명의 해, 1848년

요한 힌리히 비헤른의 삶과 실천은 사회적 격변과 세계사적인 사건과 함께 진행됐다. 이 사건들은 한 세기 전체를 어두운 음영으로 드리우게 했다. 1848년 2월 말 프랑스로부터 바리케이드 투쟁 소식이 들려왔다. 학생과 노동자 그리고 민족근위대는 1830년 7월혁명 이래 프랑스를 지배한 왕 루이 필립의 퇴진을 요구했다. '3월혁명 이전'(독일에서 1848년 3월 이전 1815년–1848년) 시대는 지나가고 혁명의 시대가 도래했다.

프랑스의 2월혁명은 3월 중순이 되자 유럽 전역으로 확산되었다. 3월 13일에 비인(Wien)에서 봉기가 일어났다. 구정권의 수뇌인 메테르니히 제후는 물러났다. 닷새 후 3월 18일과 19일에는 베를린에서 바리케이드 투쟁으로 이어졌다. 프로이센 정부의 '낭만주의자' 프리드리히 빌헬름 4세는 시민에게 죽임을 당했고, '개신교 주교회(州敎會) 총감독'은 교인에게 죽임을 당했다! 이런 일련의 과정에서 200명 이상의 사망자가 발생했다. 5월 18일 프랑크푸르트 파울스 교회에서 열린 첫 독일 국회에서 민주국가 헌법과 독일 통일의 작업이 순조로이 전개되는 것처럼 보였다. 인권과 시민권에 대해 오랫동안 갈구하던 일이 성사되는 것 같았다. 하지만 비관적인 것으로 표현된 '교수 의회(Professorenparlament)'는 목적을 이루지 못했다. 파울스 교회는 희망의 상징으로만 이제껏 남겨져 있다.

같은 시기에 '공산주의의 유령, 유럽의 유령(ein Gespenst um in Europa, das Gespenst des Kommunismus)'이 도래했다. 이러한 문구로 1848년 영국에서 카를 마르크스와 프리드리히 엥겔스에 의해 출간된 선언문이 영향을 끼치기 시작했다. 원래 이 문서는 얼마 전 두 저자에게 이른바 '공산주의 연맹'의 위탁사업으로 부여된 것이었다. 그 후 이 문서는 『공산당 선언』이라는 이름으로 마르크스적 사회 분석과 세계변혁의 원전이 되었다. 엥겔스 자서전을 쓴 구스타프 마이어는 '이 한 권의 문서는 루터가 커다란 영향력을 끼친 문건의 결과와 비견된다.'고 말했다.

이즈음 아주 다른 유형의 유령이 위협적으로 머리를 들었다. 오버슐레지엔에서 기근으로 인한 장티푸스가 발생했다. 집단사망이라는 끔찍한 소식과 더불어 치명적인 곤경이 함부르크에도 밀어닥쳤다. '4년도 되지 않아서 프로이센의 군대가 봉기하는 슐레지엔 직조공들의 부인과 아이들을 공장주의 착취로 인한 희생자로 만드는 것인가?' 이 문구에서 보는 것처럼 직조공들의 봉기는 문학과 예술의 다양한 주제로 다루어졌는데, 이들은 하인리히 하이네(Werke von Heinrich Heine)와 캐테 콜비츠(Käthe

Kollwitz) 혹은 게르하르트 하우프트만(Gerhart Hauptmann)의 작품에서 당시의 현실적 빈곤 계층으로 드러나고 있다.

 1848년 3월 초 비헤른은 그의 주요 저작물인 「라우에하우스 소식지」에서 '오버슐레지엔의 고아 아동들을 위한 호소' 라는 글을 발표했다. '비참한 참상을 담은 그림은 독일인의 눈앞에 매일 오버슐레지엔을 덮친 페스트와 그로 인한 참상을 전한다. 죽음과 절망은 황무지가 된 지역에 생명과 위로를 전하는 그리스도교적 자비의 힘과 경쟁을 한다.'51) 이런 어려움을 해결할 도움과 조력자를 구하는 것이 중요했다. 비헤른은 형제 24명 중 8명을 베를린을 경유하여 참사의 현장으로 보냈다. 비헤른 자신도 3월 8일 형제들과 함께 베를린을 경유하여 참사현장으로 갔다. 프로이센의 수도에서 비헤른은 오버슐레지엔으로 달려갔다. 당시 프로이센 정부는 프랑스 2월혁명의 여파로 불안한 상태였다. 비헤른은 3월 9일 함부르크에 편지를 썼다. '베를린의 분위기는 침통하다. 위에서 행하는 기만 때문에 아래에서는 격앙되고 있어 모든 것이 불안하다. 위로부터의 통제가 어려워진다. 지금도 힘으로 저항자들을 압박하고 있다.' 그리고 열광에 찬 소리가 들려왔다. '왕은 신뢰로 가득 차 있습니다. 신적인 나라를 이루기 위하여 어떤 식으로든 일이 잘 진행될 것입니다. 왕의 큰 위로가 형제들에게 전달될 것입니다.'52)

 비헤른이 3월 19일 오버슐레지엔에서 베를린을 경유하여 함부르크로

---

51) Fliegende Blätter aus dem Rauhen Hause, V. Serie, Nr. 5, 1848 3월 초, 65이하
52) J.H. Wichern : Briefe und Tagebuchblätter. Hrsg. von Johannes Wichern, Bd. 1, a. a. O., 431

돌아갈 때, 프로이센에 혁명의 파장이 일어났다. 오버슐레지엔의 문제는 비헤른과 내적선교 사역팀이 해결할 사안이 되어 버렸다. 이러한 사실은 비헤른이 1848년과 1849년 사이에 세 번에 걸쳐 참사지역에 도움을 준 것을 통해 알 수 있다. 공산주의 현상은 불안을 몰고 왔다. 비헤른은 혁명의 해와 그 이후 벌어진 일들을 통해 공산주의를 보았다. 「라우에하우스 소식지」에 1848년 5월 초 이런 글이 있다. '공산주의의 이름이 지금 마치 메두사의 머리(그리스 신화의 괴물. 사람이 그의 머리를 보면 화석처럼 굳어진다)처럼 활동한다. 두려움이 그 이름으로 다가오며 시민사회의 귀족들의 피를 응시하고 있다. 진짜 그렇다.'

'진짜 그렇다'라는 것에 관련하여, 비헤른이 당시 19세기의 교회에 대한 비판을 많이 하였음에도 불구하고 공산주의가 시민사회에 무엇을 기여했는가에 대해서는 사람들이 전혀 관심을 기울이지 않았다. 비헤른이 의혹을 가지고 지켜본 것은 공산주의의 치명적인 위험이었다. 공산주의는 '다양한 사람들이 가지고 있는 재산과 토지, 명예, 교육과 취미들을 모두 평등하고 동등하게 만든다는 것이다. 토지와 밭, 은과 금, 동일한 안목, 동일한 교육도 마찬가지이다.' 비헤른은 이러한 공산주의의 필연적 결말을 '끝없는 혁명으로 완전히 절멸하는 것'이라고 생각했다. 혁명의 요구들은 '비도덕적인' 것이다. 공산주의는 '법과 신앙과 신적 질서를 완전히 거꾸로 만든다.' 비헤른이 공산주의의 위험과 관련하여 말한 것은 다양한 그로테스크 풍으로 서술되어 있다. '가장 낮은 계층의 공산주의적 프롤레타리아는 물리적 혹은 도덕적 폭력을 통하여 형제들의 작업장과 공장을 파괴하고 성채와 군대병영을 파괴한다. 공산주의의 프롤레타리아에 대한 치밀한 교육은 명예와 지배욕 그리고 민심을 향한 탐욕적 분노로 이어지게 한다. 그런 교육을 받은 이는 본능적으로 교활하고 냉혈인간적이고 명예나 훌륭한 사람들의 이름이나 관계를 완전히 궤멸시키고 자신의 생각을 기존의 법으로 연결한다.'[53]

하지만 이러한 원인과 영향에 관한 비헤른의 논쟁이나 제대로 된 서술은 찾을 수 없다. 또한 「공산주의에 대항하는 방책」이라는 제목과 관련된 1848년 8월의 문서에도 역시 구체적이고 분명한 내용이 빠져 있다. 그 문서에서는 단지 교회와 성직자들이 함께 길을 가기 위한 방향을 서술하고 있다. 또한 현재 상황의 의미에 대해 서술하고 있다. '교회는 역사의 한 단계에 돌입해 있다. 게르만 교육과 교양은 몰락하고 있고 정치는 잘못된 해결책으로 이끈다. 이러한 상황에서 교회는 강하고 간접적인 영향력을 가지고 사회문제를 해결하기 위하여 부름을 받았다. 교회는 신실한 신앙 안에서 말씀과 행함으로 그리스도의 구원하는 사랑의 슬로건으로 나아가야 한다. 그리고 확신과 분명한 전망을 가지고 민족을 향한 사랑 가득한 마음으로 일어서야 한다. 독일은 그리스도교를 통하여 다시 태어나야 한다.'[54]

전술한 '간접적인 영향'이라는 표현은 정치에 관련된 사안이 교회 본연의 과제가 아닐 수 있다는 것을 의미한다. 교회가 사회문제에 전적으로 뛰어드는 것은 아니라는 말이다. 도대체 '사회의 하층 계급을 그리스도교가 철저

---

53) J.H. Wichern: 선정된 문서, Bd. 1, 92
54) a. a. O., 97

하게' 섬기기 위해 교회가 교회로서 어떻게 해야 할까? 비헤른의 대답은 간단명료했다. '가난한 사람들에게 복음이 선포되어야 한다' 의심할 바 없이 원(原)복음적인 대답이었다. 하지만 그것이 어떻게 가능한가? 비헤른은 단호하게 신학적으로 답했다. '선포를 통하여 생긴 신앙만이 실천의 근거가 될 수 있다. 프롤레타리아트의 문제는 설교단과 교회 안으로 가져와야 한다.' 또한 비헤른은 의식형성 과정의 필수성을 생각했다. 이러한 의식형성 과정을 통해 그는 '책임의식'으로 무장된 가능한 한 많은 참여자들이 생겨나기를 희망했다. '가난한 사람들을 위한 사랑은 모든 다른 것을 포함하는 근본주제이다. 높은 신분에 있는 이, 귀족, 부자, 기득권자는 그가 가지고 있는 고위 신분, 귀족신분, 부유함, 소유가 교회의 내적인 생명과 사랑의 충만함, 그리고 자기부정의 위대한 행동과 헌신을 통하여 의로워질 수 있다는 인식에 도달해야 한다.'

교회에 '아직도' 나가고 있는 이들, 특히 비헤른 시대에 '교회'에 대해서 말하는 이들에 대한 호소였다. 하지만 교회를 이미 떠난 대중들에게는 무엇을 말할 수 있는가? 여기에 대해서 비헤른은 그동안 많이 인용되어 온 슬로건으로 대답했다. '프롤레타리아를 더 이상 교회에서 찾지 말고 교회가 프롤레타리아를 찾기 시작해야 한다. 그리고 그들이 교회를 구원의 말씀으로 발견하기까지 마냥 있어서는 안 된다.'[55]

비헤른은 '거리설교가'에 대해 생각했다. 그는 '가난한 이들과 프롤레타

---

55) a. a. O., 107

리아에게 설교하는 설교자 자신이 가난해야 하며', 신뢰를 잃은 '귀족적인 개신교적인' 목사들과 교회공무원들을 피해야 한다고 주장했다. 의심할 바 없이 비헤른은 오래 전에 루터시대 이래 널리 알려진, 하지만 진지하게 받아들여지거나 실천되어지지 않은, **모든 신자의 보편적 사제직**(Das allgemeine Priestertum aller Gläubigen)의 실행을 중요시했다. 동일한 연관성에서 비헤른은 철저히 국민교회의 틀에서, 하지만 동시에 새로운 삶과 실천형태로서 결사체(Verein)를 옹호했다. 그들 안에서 '자유로운 결사의 힘(동맹)'이 추동되어야 하고 그들 안에서 내적선교(Innere Mission)가 확장되어야 한다. 게다가 국가나 성직자의 조종으로부터 벗어나야 한다. 비헤른은 다음과 같이 확실하게 명토를 박는다. '교회에 소속된 결사체는 가장 낮은 민중의 삶에 이미 수천의 힘줄로 뿌리박혀 있다.'[56]

그리고 비헤른은 이에 대한 비전을 제시하며 계몽적인 선언을 했다. '내적선교의 시대가 밝았다!' ... '오늘은 위대한 일을 시작하는 날이다. 아무 일도 할 수 없는 밤이 얼마나 빨리 도래할지 누가 아는가?' 이어 강한 어조로 결론을 내렸다. '일이 곧 시작되어야 한다!'

---

56) a. a. O., 102, 109

비텐베르크
교회의 날에

먼저 「라우에하우스 소식지」의 독자들의 눈길을 끈 것은 이러한 비헤른의 구상이 영향력 있는 교회정치가들에게 분명하게 전달되었다는 사실이었다. 이 사실은 이제 1848년 혁명의 해에 '독일개신교 성직자/평신도 대회'를 비텐베르크에서 갖기로 한 것을 통해 실현되었다. 이 모임의 가장 중요한 과제 중 하나는 신앙고백적, 신학적, 구조적으로 갈라진 독일 개신교를 하나 되게 하는 것이었다. 여기에서 국가교회 혹은 루터교회, 개혁교회, 그리고 연합교회의 신앙고백적인 융합은 계획되지 않았지만, 다수의 주(州)교회의 연합 같은 것은 계획되었다. 이렇게 전혀 조직이 없는 '독일개신교교회'의 내적 외적 상황에 대하여 교회의 인적, 구조적 문제와 관련하여 수많은 사회문제가 쏟아져 나왔다. 그러나 그러한 사회문제와는 무관하게 단지 자신들 스스로의 처지에만 관심을 갖는 것이 당시 전형적인 교회의 모습이었다.

7월 중반이 되어 일련의 저명한 교회의 중진들이 그들의 서명과 함께

[독일의회 개최장 앞에서 독일 헌법에 대한 논쟁을 벌이다]

[비텐베르크 성교회 – 첫 교회의 날 개최 장소]

'교회의 날' 행사에 당대 교회의 영향력 있는 이들을 초대했다. 비헤른도 초대장에 서명을 했다. 하지만 그에게는 다른 사안, 즉 교회법적인 물음에 관한 설명이 중요했기 때문에 다음의 사안을 덧붙였다. '우리는 이러한 잠정적인 프로젝트 모임을 통하여 좀 더 근본적이고도 실천적인 이 시대의 문제를 다루었으면 합니다. 발표와 논쟁 그리고 행동을 통해 분명한 응답과 중요한 결정을 요청합니다.'[57] 비헤른은 '하나님의 이름으로' 이러한 모든 요구들이 이루어질 것이라고 확신했다. 물론 당시 비텐베르크 교회의 날은 오늘날의 교회의 날 모임과 같지 않았다. 교회에 적극참여자나 젊은 층이 초대되지 않았고 오히려 정장을 입은 정해진 연령대의 사람들, 주교회에서 파송된 이들, 교회공무원, 법률가들, 그리고 신학자들이 초대 대상이었다. 어쨌든 비텐베르크 성(城) 교회는 이런 축제적인 모임을 위하여 충분한 내용을 갖추고 있었다.

9월 20일 저녁, 비헤른은 루터의 도시 비텐베르크에 도착했다. 그는 몇 달 전부터 라우에하우스 형제들을 파견한 오버슐레지엔 참사지역을 경유하여 왔다. 도착한 날 밤, 비헤른은 교회의 날 대표인 모리츠 아우구스트 폰 베트만-홀베크에게 다음 날 프로그램으로 적어도 마지막 종지부로서 내적 선교를 소개할 계획에 대해 사전 설명을 했다. 그리고 다음 날 회의장에서 초대 받은 사람들에게 대표의 서명이 된 문서를 배포한 후 진행하기로 했다. 그 문서에는 다음과 같은 내용이 서술되어 있다.

'교회의 긴급한 과제로서 교회의 실천을 고려해야 한다'.

---

[57] Fliegende Blätter, V. Serie, Nr. 17, 1848 9월 초, 259

'우리 개신교 교회는 국민의 교회가 되어야 하고 그렇게 될 수 있다. 이를 통하여 교회는 복음을 통하여 국민을 새로운 방식으로 확실하게 갱생시킬 수 있고 그들에게 하나님의 새로운 생명의 기운을 공급할 수 있다.' [58]

하지만 다음 날 교회지도자들 간에 교회연맹에 대한 주제를 놓고 논쟁이 너무 가열되었고, 이틀 후인 1848년 9월 22일 오후가 되어서야 '내적선교'가 논의되었다. 마침내 비헤른은 비텐베르크 성 교회에서 디아코니아라는 중요한 주제를 피력하게 되었다. 이제까지 전혀 알려지지 않은 무명의 신학지망생이 '신선하고 생동감 있는 용기를 가지고 비텐베르크 모임에서 민족과 조국을 위한 큰 희망을 주제로' 연설을 했다.[59] 그런 다음 연설자인 비헤른은 아주 상세히 한 시간이 넘도록 오랫동안 그의 가슴에 품어 두었던 것을 열정적으로 피력했다. 그의 연설을 들은 사람들은 '이제까지 전혀 듣지 못한 것이었고 이런 것을 들어본 사람이 전혀 없었다.'고 평가했다. 그 시대의 비헤른을 바라본 증인들은 이제 막 40세가 된 비헤른을 다음과 같이 기억했다.

'전체적으로 머리카락은 이미 색이 바랬다. 큰 눈은 조용히 타오르는 열정으로 가득했다. 그의 눈은 즐거운 유머 혹은 진심어린 친절함이 담겨 있었고 부드럽게 빛을 내면서 반짝였다.... 그의 눈은 화염이 솟는 듯했고 거룩한 열광 속에 불타오르기도 하고 노기를 품기도 했다. 때로는 타오르는 격정 속에서 격앙되기도 했다. 그의 입은 힘차고 생동감 있는 의지를 계속

---

58) J.H.Wichern, 인용. Martin Gerhardt, a. a. O., 105
59) J.H.Wichern, 선정된 문서, Bd. 1, 111이하

분출했다. 그의 외양은 큰 용태였지만 그의 몸가짐은 약간 수그러드는 느낌을 주었고 그의 걸음걸이는 어렵게 발걸음을 옮기는 듯한 인상을 주었다. 하지만 그가 무대 위에 높이 올라가 가슴으로 불같은 연설을 할 때면 그의 외적인 소박한 모습이 힘 있는 모습으로 변했다.'[60]

아주 간명하고 분명한 어조로, 비헤른은 현재의 곤경상황을 전했다. 삶의 기반이 무너진 사람들, 방치된 수공업자 자녀들, 착취당하는 공장 노동자들, 절망에 빠진 프롤레타리아 가족들과 익명의 아이들의 참상. 이미 오래 전부터 개신교 교회는 국민의 교회가 되어야 했다. 내적선교의 도움으로 국민은 구조를 받을 수 있고 받아야 한다. 이와 함께 비헤른은 신학자로서 아주 다른 관점을 던졌다. 혁명 이후의 전통적인 교회성(敎會性)에 관련된 질문과 신앙고백적이고 경제적인 소유에 대해서 진술했다. 지난 15년간의 라우에하우스와 내적선교를 실천해 온 비헤른은 그리스도교적 사랑실천이 단지 개별적 운동이 아니라 전체 교회 차원에서 책임적으로 이행되어야 함을 강조했다. 그가 연설한 장소는 루터가 연설했던 바로 그 장소, 비텐베르크 성 교회였다.

'개혁 혹은 우리의 모든 내면상태의 재생이 필요합니다. 내적선교는 지금 절대적으로 정치와 관계 있습니다. 하지만 정치는 이러한 상황에 전혀 관심이 없습니다. 그래서 교회는 국가와 함께 몰락의 길을 가고 있습니다. 게다가 교회의 과제는 국가의 정체(政體)를 판단하거나 정파 사이에서 어느 한

---

60) 인용. Heinrich Schmid : J.H.Wichern. Weckruf der Barmherzigkeit, Gunzenhausen o. J.(1948), 13

쪽의 편을 드는 것이 아닙니다. 하지만 그리스도의 영을 가지고 살아가는 시민은 어쨌든 진지한 관심을 가지고 국가의 정치체제에 관심을 가져야 합니다.'

「라우에하우스 소식지」의 독자들은 이미 비헤른의 의도와 의미를 알고 있었고, 비텐베르크 연설에서도 그의 의도를 발견할 수 있었다. '사람이 교회 안으로 오는 것이 아니라 교회가 사람들에게 다가가야 한다. 거리 모퉁이가 설교단이 되어야 한다.'

비텐베르크 교회의 날의 기록자는 비헤른의 강연이 즉흥적으로 이루어진 연설이었다고 기록했다. 더욱이 비헤른의 연설의 기록자는 연설의 생동력을 강조했다. 때문에 개별 사실, 숫자와 이름이 항상 원래의 형태를 인용한 것은 아니라고 적었다. 전체적으로 이 기록을 보면, 비헤른이 주장하려는 내용이 전체적인 프로그램과 연관되어 빛을 발했다는 것을 느낄 수 있다. 그는 그날 연설 가운데 종종 이미 언급했던 문장을 연결했다.

'친애하는 여러분, 교회가 전적으로 인정하는 이 시대의 곤경이 있습니다. 내적선교의 사업은 교회의 일입니다. 내적선교는 이러한 사업을 연결하는 커다란 확증입니다. **「사랑은 개신교 교회에 있어 신앙에 속합니다.」** 구원하는 사랑은 교회에 커다란 도구가 되어야 합니다. 그것으로 교회는 신앙의 사실을 증명합니다.' ... 그리고 비헤른은 확신 있게 다음을 덧붙였

다. '이런 의미에서 내적선교의 말씀을 받아들인다면, 교회는 언젠가 새로운 미래로 진입하게 될 것입니다.'

이러한 진술은 실제로 이루어졌다. 비헤른 자신은 이러한 기회가 갖는 의미를 알고 있었다. 그는 1848년 9월 22일 밤에도 부인에게 편지를 썼다.

'내 인생의 직업을 여기에서 정리해야 할 것 같다는 생각이 듭니다. 반대자들은 입을 다물고 있고 형편없는 성직자 중심의 교회는 멀리서 나의 사역을 건드리거나 공격하거나 망가뜨리려 합니다. 오늘은 내적선교가 축하하고자 했던 가장 멋진 축제였습니다. …내일 나는 한 걸음 더 나아가 위원회 형성을 위한 동기를 강하게 일으키려 합니다. 그 위원회는 잠정적이고 도덕적으로 독일교회의 이름으로 전체 내적선교를 받아들이고 나라 전체의 구조가 되어야 합니다.'61)

그의 이런 예상도 결국 이루어졌다. 다음 날 비텐베르크 교회모임은 의사일정 중 중요한 주제를 남겨놓고 있었다. 그는 그 시점에서 '내적선교 중앙위원회'를 제안했다. 그는 가능한 한 독일 개신교 내의 모든 복지동력을 모았다. 비헤른이 작성한 '교회의 날' 보고서 안에서 그는 「라우에하우스 소식지」의 발행인으로 기록되어 있다. '위원회는 자율적 그리스도교적 사업단의 영역 안에서 활동할 수 있다. 하지만 가장 중요한 과제를 함께 해 나간다. 자유로운 가운데 내적으로 협력하고 상호간의 연대를 강화함으로

---

61) 인용. Martin Gerhardt, a. a. O., 111

써 백 배나 더 강한 영향력을 끼칠 것이고 그 안에서 자립적인 노력이 가능하게 될 것이다.' 62)

이로써 계속적인 사업을 위해 필요한 동력이 생겨나게 되었다. 내적선교는 개별적인 사안에 더 이상 머물러 있어서는 안 되었다. 최대한 동지들과 후원자들로 이루어진 작은 그룹들이 모여서 도움이 필요한 이들에게 필요한 조력을 줄 수 있어야 했다. 이를 통해 내적선교는 '디아코니아 교회'의 자명한 삶의 표현으로 새로운 시작을 한 셈이었다. 비헤른의 낙관주의는 그가 1848년 혁명의 해에 「라우에하우스 소식지」 마지막 호인 24호에서 이렇게 표현되었다. '1848년 한 해는 내적선교에 있어 하나의 생명의 전령이다. 특히 여러 해 동안 별 소득 없이 싸워 왔지만, 1848년에 주님께서 말씀하신 것을 생각한다면, 1849년에도 구원하는 사랑의 주님이 주신 약속이 영광스럽고 확실하게 이루어질 것이다.'

이러한 확신을 가지게 된 동기에는 여러 면이 있다. 라우에하우스의 감독자로서 비헤른은 다양한 책을 편집한 경험이 있었다. 그 안에 비텐베르크에서 인정받은 프로그램을 자세하게 서술했다. 그리고 교회의 날에 결정된 중앙위원회에 관련된 것은 이듬해에 공식적으로 '독일 개신교 내적선교 중앙위원회 기관(Organ des Centralausschusses für die Innere Mission der deutschen evangelischen Kirche)'이 될 예정이었다. 그러므로 「라우에하우스 소식지」와 라우에하우스에서의 비헤른의 활동은 중요

---

62) Fliegende Blätter, V. Serie, Nr. 18, 281

한 역할을 하게 되었다. 이 중앙위원회 정관에 따르면, 지금까지 내적선교는 '복음의 선포와 그리스도의 사랑의 형제적 도움을 통하여 영적이고 물질적인 곤경으로부터 개신교 교인들의 구원을 목적으로 한다.' 세례를 받지 않은 이들의 회심에 관련된 장에서는 '다른 그리스도교적인 종파 구성원들을 이쪽으로 인도하는' 것에 대해 서술했다. 이 주제는 더 나아가 이렇게 진술되었다. '내적선교는 개신교 교회의 직무자들이 충분하게 영향력을 행사할 수 없는 삶의 영역에 있는 이들을 포함하여 직접적으로 관여한다.' 내적선교는 성직자 중심의 교회와 경쟁을 하려 하지 않고 동역자적이고 개척자적인 봉사를 수행했다.

'내적선교 중앙위원회'의 과제도 정의되었다. 그는 이미 기존에 있는 내적선교 시설을 촉진시키고 그들이 이미 행하던 상담과 도움을 보장하고 협력관계를 맺었다. 계속해서 그는 내적선교의 새로운 시설을 만들도록 고무하고, 문서를 출판하고, 자체적인 사업체를 세우고 확산시켰다. 디아코니아 실무자들을 위한 교육과 '내적선교 실무자' 재교육을 위한 교육센터를 세워 나간 사실들을 그 예로 들 수 있다.

비헤른은 이러한 목적 설정이 담긴 내용을 스스로 서술했다. 이미 그의 사업능력 때문에 비록 그가 10명의 위원 중 한 명이지만, 그가 개인적으로 '중앙위원회'의 활동의 중요한 부분을 자신이 홀로 책임을 지는 모습을 피하려고 했다. 그래서 위원회의 의장단은 각료인 베트만-홀베크

(Bethmann-Hollweg)와 슈탈(Stahl)로 지정되었다. 적대자들의 비판은 비헤른에게도 예외가 아니었다. 루터교 진영에서는 신학적이고 교회적인 것과 관련해 비헤른을 공격했다. 그런가 하면 다른 한 편에서는 내적선교에 혁명적인 요소가 감추어져 있다며 비판을 가해왔다. 또한 만인 사제직의 슬로건을 가지고 목사 중심의 교회를 전복시키려 한다며 비판하기도 했다. 단연코 교회직제가 교회 안에서 문제가 되고 있다고 주장했다. 20년째 이상 루터교 신학자들은 이른바 '영적인 직제'의 독립과 목사직의 우선권을 위해 싸워왔다. 하지만 이제 내적선교를 위험한 경쟁자로 인식하게 되었고 교회존재의 위상을 흔드는 문제라고 주장했다.

적대자들은 하노버의 교회신문에 기괴한 기사를 게재하기도 했다. 1848년 8월 4일자 신문에 다음의 기사가 실렸다. '외견상으로는 교회의 친구라고 말하는 내적선교는 그 자체가 파괴적이다. 그것은 교회라는 나무의 줄기와 가지를 둘러싸고 있는 덩굴나무로 모든 생명의 힘들을 빨아들이며 위협한다. 이런 이유로 교회 아니면 내적선교, 이 둘 중 하나가 제거되어야 한다.' [63]

프랑켄지방의 신학자 빌헬름 뢰에(Wilhelm Löhe)도 노이엔데텔사우(Neuendettelsau)지역에서 여성 디아코니아를 통해 디아코니아운동을 전개했는데, 그가 출간한 책 『교회의 세 개의 책들』(1845년)에서 이미 비헤른의 결사체원칙에 대한 부정적인 의견을 제시하고, 내적선교에 대하여

---

63) 인용. Ernst Schering: Schlinggewächs am Baum der Kirche. Widerstände norddeutscher Lutheraner gegen die Innere Mission; in: v. Hase/Meinhold(Hrsg.): Reform von Kirche und Gesellschaft...., a. a. O., 170

비헤른에게 몇 가지 제안을 했다. '비록 내적선교 문장(Schilde, 紋章)에는 〈절제〉를 표현하고 있지만, 뢰에는 교회 밖을 강조하는 결사체가 교회와는 다른 특수한 것처럼 여겨질 수 있고, 추정될 수 없는 결사체와 절제되지 않는 단체가 될 염려가 있다'고 우려했다. 결국 비헤른 정신에 반하는 새로운 길을 열기 위해, 뢰에는 1850년 '결사체'라는 표현을 쓰지 않고 '루터교 내적선교 사업단(Gesellschaft für Innere Mission nach dem Sinne der lutherischen Kirche)'을 세우기도 했다.64)

비록 역사가 진행되면서 비텐베르크 교회의 날에서 내적선교의 전령이 숙려했던 '거대한 개신교-가톨릭 공동체'로 진전이 되지는 않았지만 비헤른의 기초는 비판과 적대자들에도 불구하고 변화와 지속적인 발전을 해나갔다.

---

64) Martin Gerhardt: Ein Jahrhundert Innere Mission, Bd. I, Gütersloh 1948, 158

독일 민족에게
드리는 백서

　1848년과 1849년 사이에 정치와 교회적 영역에서 의미 있는 유사한 사건이 있었다. 수많은 유럽시민들이 정치적인 기본권을 위한 투쟁에 참여하고 두 개의 독일 교회는 다양한 위원회를 만들었다. 프랑크푸르트 파울스 교회에서는 처음으로 독일의회가 열렸고, 종교개혁의 도시인 비텐베르크 성 교회에서는 처음으로 개신교 교회의 날이 열렸다. 한 모임은 정치적인 모임이었고 다른 하나는 교회의 일치에 관련된 것이었다. 기본적으로 두 모임은 좌절되었지만 다음 세대를 위한 표지를 국가와 교회에 남길 수 있었다.

　다른 사건은 이론 영역에서 일어났다. 1년이란 시차를 두고 두 개의 백서(白書)가 나왔는데, 1848년 독일의 3월혁명이 터지기 직전에 카를 마르크스와 프리드리히 엥겔스가 출간한 『공산당 선언』과 비헤른의 『독일 개신교 내적선교(Die Innere Mission der deutschen evangelischen Kirche)』 백서이다. 루터의 소책자 『독일 민족의 그리스도교 귀족들에게(An den christlichen Adel deutsche Nation)』(1520년)와 비견되는 이 문서에 대해 비혜른은 소주제를 붙였다. 「독일 민족에게 드리는 백서(Eine Denkschrift an die deutsche Nation)」. 종교개혁과 유비(類比)하여 훌륭하게 의도된 일이었다.

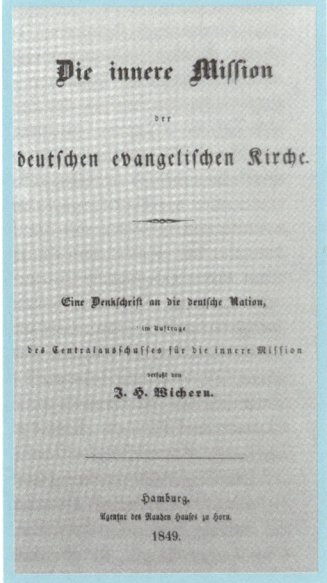

마르크스-엥겔스의 문건과 비헤른 문건의 목적 설정은 명백하게 대조적이다. 마르크스와 엥겔스는 '모든 혁명정당 안에서 가장 필연적인 혁명

적 구상'[Günter Brakelmann, 귄터 브라켈만]을 제시했다. 그와 반대로 비헤른은 혁명의 반대진영에서 말과 문서, 그리고 행동으로 맞섰다. 왜냐하면 그에게 혁명은 하나님을 향한 타락의 외적인 표현이자 결과이기 때문이었다. 이미 1848년 비텐베르크 교회의 날은 정치적, 교회적, 신학적으로 보수인사들이 파견된 교회모임이었다. '비헤른이 강도 만난 이의 상처를 싸매주는 사마리아인의 낡은 모델을 대변한다면, 마르크스-엥겔스는 '강도' 자체에 대항해 투쟁할 것을 표명한다. 즉 마르크스-엥겔스가 자본의 증식에만 관심을 갖고 이해관계에만 치중하는 이들, 노동력을 착취하는 이들에 대항했다면 다른 한편, 즉 비헤른은 상처를 싸매줌으로 개별 인간을 돕고 죽음에 처한 이를 보호한다. 마르크스-엥겔스는 곤경을 당한 이가 사회를 통하여 상처 입은 것을 알리고 이러한 사회를 혁파할 필연성을 확신하게 한다. 비헤른은 죽어가는 이의 생명을 구하고자 한다. 마르크스-엥겔스는 죽음에 책임이 있는 이에게 죽음을 책임지게 한다. 비헤른은 그들의 죽음 이후에 진정한 생명이 비로소 살아나야 한다. 상반된 두 유형은 사마리아인과 자코뱅(Jakobin)당원* 사실상, 역사적인 신분의 두 가지 종류가 아니겠는가!' 이렇게 요약된다.[65]

인간에게는 두 가지가 모두 중요하다. 하지만 한편에서는 사회적 불의에 지배당하는 당대의 그리스도인의 무능력에 대해 종교비판이 필수적이라고 선동했고, 다른 한편에서는 '그리스도교적 국가' 라는 틀 안에서 민족의 재생에 마음을 두는 선교사 역할을 했다. 게다가 거리설교가가 요구하는

---

65) Günter Brakelmann: Denkschrift und Manifest; in: v. Hase/Meinhold(Hrsg.), Reform von Kirche und Gesellschaft..., a. a. O., 40
　*역자 주: 자코뱅당, 프랑스 혁명시절 과격파

이러한 선교사는 '그리스도교적 사회주의'를 말하는 것이었다. 마르크스와 엥겔스는 계급철폐를 말하는데 비헤른은 의식하든 안하든 '하나님 나라'를 기존 사회질서의 틀 안에 세우고자 했다. 두 측면의 거시적이고 미시적인 독특한 합성을 주목해 보라!

대립은 지속되었다. 하지만 이 대립이 외형적으로 쇠잔해 보이는 동시에 재생의 가능성도 함께 보이는 것은 특이한 일이다. '낡은 것의 끝은 새로운 것의 영광스런 시작이다... 낡은 것이 사라져 가는 가운데 이러한 맹아(萌芽)와 새로운 삶의 약한 고지(告知)는 대부분 알아차리지 못하고 지나간다.'[66] 비헤른은 '하나님나라 안에서 좀 더 새롭고 나은 시대를 위한 산고(産苦)'에 대해 말했다. 이로써 그는 내적선교 사업을 위한 틀에 경계 표시를 하고 '그리스도교가 내적으로 외적으로 변화되고자 한다고 말했다. 또한 그리스도교는 죄에 직간접적으로 연루되어 있으며 다양한 외적, 내적 타락에 빠져 권력과 지배세력에게 밀착되어 있었다. 그래서 비헤른은 그리스도교는 개혁이 필요하고 그리스도교적 직분들도 새롭게 규정되어야 한다고 주장했다.'

우리는 백서의 저자에게 산업혁명 시대에 영향력 있는 경제적-사회적 적법성에 대한 뛰어난 통찰을 기대할 필요가 없다. 죄와 은총에 대한 신뢰할 만한 개념들은 계획된 사업을 정당화하기 위해 다양해야 한다. 물론 신학적으로 보면 비헤른의 구상이 그리스도 중심적 사고를 하고 있다는

---

66) J.H.Wichern, 선정된 문서, Bd. III, 147

사실은 의미가 있다. 왜냐하면 '내적선교로서 사람 개인이 아니라 그리스도 신앙에 기초한 사랑의 총체적인 사역이 우리에게 가치가 있기 때문이다.' 그리스도에 대한 신앙에서 연원한 성숙한 이웃사랑은 세 개의 '신적이고 살아있고 서로 간에 영향력을 일으키는 재단(財團)들(Stiftungen)', 즉 가족, 교회 그리고 국가에 기초한다.

하지만 내적선교는 이렇게 '거룩하게 유지되는' 세 개의 재단 외에 네 번째 것이 되어서는 안 된다. 오히려 '지옥과 같은(마귀 같은) 공산주의 정신'으로부터 보호하는 것이 내적선교의 과제이다. 간명하게 말하자면 내적선교는 비헤른이 머릿속에 떠올린 것처럼, 인간을 그리스도에게 다시 연결하기 위해 새롭게 하는 것이며 기존의 질서, 즉 관료적인 국가와 국가교회를 '신적인 재단(göttlich Stiftung)'으로 안정시키려는 것이다. 국가권력은 --로마서 13장과 루터의 의미에서-- 하나님으로부터 주어진 것이다. 그러므로 국민공동결정, 즉 민주주의를 실행하고자 하는 이가 부정을 저지른다면, '국가 전체에 반(反)하는 보편적인 범죄로부터 몸과 생명, 물질적이고 영적인 소유, 명예와 도덕'에 대한 모든 범죄가 생겨난다. 때문에 비헤른의 요구인 내적선교는 '혁명정신'을 극복해야 했고, 이와 함께 계속해서 교도소개혁 영역을 과제로 삼았다.

마지막으로 그는 내적선교가 모든 수단을 활용하여 말씀선포에 전력을 기울여야 한다고 생각했다. 성서명상, 가정 기도회, 국민선교 문서 조달,

특히 교회신문이 여기에 속했다. 그리고 내적선교가 행동을 통해 선포되어야 하기 때문에 백서는 대도시의 사회문제를 다양한 영역에서 다루었다. 이로 인해 새로 세워지거나 확대되는 도시선교회의 복지적인 조처(措處)는 노인, 병자, 노숙자, 그리고 성매매자들을 돌보는 영역까지 넓혀졌다. 또한 젊은 세대와 일정한 직업군들은 직업특성에 맞는 목회적 돌봄을 받아야 한다. 예를 들어, 하층 민중의 주거문제를 위한 협동조합식 운동체도 있었다. 특히 협동조합식 자조영역에서 활동을 한 비헤른의 동지인 빅토르 A. 후버 같은 이도 있었다. 백서는 여기에 관련된 적절하고 짧은 언급만으로도 충분했다. 항상 '소외된 사람들을 다시 회복시키는 것이 개신교 교회의 과제'이다. (이 연설은 비헤른이 1869년 슈투트가르트 교회의 날에 행한 강연의 주제였다.)

1849년의 백서는 저자가 이미 전에 여러 형태로 진술했던 내용들을 담고 있다. 그래서 이 백서에 이르러서 전체적인 그림이 연결된다. 비헤른은 결국 '희망의 그림'을 전했다.

'신실한 사람들의 과제는 신적인 손으로 조심스럽게 알리고 행하는 일이 되어야 한다. 하지만 그러한 조심스러움을 넘어 커다란 확신으로 일을 해야 한다.'

백서의 저자인 비헤른은 이러한 백서의 문구에 사로잡혔다. 그는 청년시절 이래 생긴 두통이 주는 고통보다도 더 심한 부담을 안고 내적선교에 전적으로 헌신했다. 이러한 비헤른의 『독일 민족에게 드리는 백서』는 커다란 찬사를 받았다.

'비헤른 문서는 오늘날 없어서는 안 될 교회사의 한 단락을 장식하고 있을 뿐 아니라 동시에 사회사 측면에서도 반향(反響)을 일으켰다.' [67]

하지만 19세기 중반의 이 문서는 보편적으로 평가받을 만한 증명사료를 담고 있지 않았다. 미국의 사회학자인 윌리엄 섀너한(William O. Shanahan)이 진술한 것처럼, 이 지점에서 아래와 같이 그의 한계를 알고 말한다면 우리는 비헤른을 바르게 판단하게 될 것이다.

'백서 안에는 그리스도교적인 서설과 함께 사회의 새로운 규정을 위한 적극적인 제안이 들어 있다. 하지만 이러한 제안은 오늘의 시각에서 보면 영적인 신생을 위한 복음적 노력에 대해 분명하게 정리되어 있지 않다. 비헤른은 실제적인 사회개혁에 대한 기제보다 조정과 복구를 더 선호했다. 하지만 내적선교의 사회복지사업에 대한 그의 책 내용은 제한적인 기준에서 볼 때 비헤른 자신이 보수적인 사상을 가지고 있었으면서도 당시의 여러 사회적 전문가로부터 얻은 지식에 자극을 받아 그 둘이 서로 융합된 모습을 담고 있다. 물론 그는 사회나 국가에 관련된 한 보수적인 상(像)을 넘어서지 못했다.' [68]

---

67) Karl Janssen(1961년)이 요한 힌리히 비헤른에 대한 그의 책의 서문에서 밝힌다. J.H.Wichern, 선정된 문서, Bd. III, 5
68) William O. Shanahan: Der deutsche Protestantismus vor der sozialen Frage 1815-1871, München 1962, 253

여행길에서

비헤른의 여행에 관련된 활동을 특별하게 언급하지 않으면 그의 삶의 여로를 온전히 평가할 수 없다. 비헤른은 다양한 출판활동을 했지만 라우에하우스의 가장, 목회자 그리고 운영자로서 과도하게 일을 했다. 하지만 펜으로만 일을 하는 사람은 아니었다. 그는 열정적이면서도 자유자재로 연설을 구사했다. 덧붙여서 비헤른은 사람들에게 겸양한 태도를 가진 사람으로서 깊은 인상을 남겼다. 때문에 독일 전역에서 비헤른에게 개인적인 강연과 설교의 요청이 많아졌다. 비텐베르크 교회의 날은 비헤른의 여행활동의 서막이라 할 수 있다.

우리는 프리드리히 빌헬름 4세가 비헤른과의 동역을 약속하기 전에도 비헤른이 프로이센 궁전과 베를린으로 여러 번 여행한 것을 알고 있다. 우리는 비헤른이 라우에하우스 형제들을 통해 필요한 도움을 줄 수 있도록 슐레지엔 참사지역에 프로이센의 위임 아래 다시금 여행했다는 것도 알고 있다. 하지만 이것으로는 충분하지 않다. 중앙위원회는 비헤른이 다른 지역도 방문하고 비헤른의 디아코니아 입장과 신앙고백적으로 반대 입장에 있는 곳도 방문하도록 요청했다. 특히 루터교회의 주교회가 그런 곳이다. 여기에 그러한 몇 개의 예가 있다. 교회 내적인 반대 논쟁은 1849년 6월 비헤른의 남독일 첫 여행의 이유이다. 이 여행은 오버슐레지엔에서 '내적선교 중앙위원회'의 모임에 직접 연결이 된다.

이제 비헤른은 내적선교의 중요성에 대한 홍보와 함께 이미 내적선교의 정신 안에서 활동하고 있는 이들과의 접촉에도 전념해야 했다. 막데부르크, 할레, 그리고 바이마르를 거쳐 비헤른은 6월 18일 남부 프랑켄 포스트쿠체에 힘들게 당도했다. 여기에서 그는 놀라운 것을 경험했는데, 가령 안스바흐의 마지막 총회(Ansbacher Generalsynode)가 내적선교를 '최초의 온전한 교회의 증인(das erste volle kirchlich Zeugnis)'으로 승인한 것이었다. 하지만 바이에른으로부터 전해온 기조는 전혀 달랐다. 중부 프랑켄 지역에 있는 노이엔데텔사우의 빌헬름 뢰에(Wilhelm Löhe)는 북독일 친구인 비헤른이 연합교단의 신앙고백이 없는 사람이라는 낌새를 알아차렸다. 때문에 그는 '비헤른 정신의 반대 입장'에 서야 한다고 생각했다.

'나는 두려움과 떨림으로 여기에 도착했습니다.'라고 북독일에서 뉘른베르크에 도착한 비헤른은 부인에게 편지를 썼다. '독일에서 저항이 가장 치열하고 위험하게 일어나는 곳이지만 나는 이를 극복했다고 생각하고 있습니다.' [69] 그리고 비헤른은 이러한 언급에 대한 근거를 가지고 있었다.

---

69) Martin Gerhardt, a. a. O., 182

왜냐하면 마인이나 페그니츠뿐만이 아니라 뉘른베르크에는 이미 25년 전부터 구조원이 있고 수용능력이 충분했기 때문이다. 더 중요한 것은 그가 프랑켄 지역의 목사단에게 줄 수 있는 자극이었다. 1849년 6월 21일에 열린 소위 차일리츠하이머 회의(Zeilitzheimer Konferenz)에서 그는 약 70여 명의 남부 프랑켄 동료들과 대화할 수 있는 기회를 얻게 되었다. 비헤른의 방문은 다음 해 그곳에서 가까이에 있는 남부 프랑켄의 트라우트베르크의 목양업자들 속에서 구조원을 통해 계속적으로 비헤른의 사역을 받아들일 수 있도록 했다.

그는 에어랑겐에서 디아코니아 활동가인 시(市)소속 목사후보생 율리우스 순크(Julius Schunck)의 그룹을 방문했다. 순크는 자신이 발행한 「푸켄호퍼 신문(Puckenhofer Blätter)」 첫 호에 비헤른의 방문을 기록했다. '여기에 모인 사람들 앞에 아주 정중하고 존경스러운 품격을 지닌 이가 나타났는데 바로 비헤른이다.' 이번 방문은 '에어랑겐 근교의 샬러스호프에 아동구조원'을 설립하고 '푸켄호프의 구조원 실무자 시설' 건립을 진행시키기 위한 것이었다. 물론 여기에는 1890년 뉘른베르크에서 생겼던 룸멜스베르크 바이에른 디아콘 시설의 단명한 선구자가 관련이 있다.[70] 그 시설은 오늘날까지 바이에른 주교회 안에서 거대한 디아코니아 사업단 중 하나로 중요한 역할을 차지하고 있다.

다음으로 살펴 볼 여행의 주요한 정거장은 아우그스부르크였다. 여기에

---

70) Karl Nicol(Hrsg.): Fünfzig Jahre Landesdiakonenanstalt. Jubiläumsschrift aus Anlaß des 50jährigen Bestehens der Diakonenanstalt Rummelsberg, Nürnberg 1940

서 비헤른은 처음으로 그 시대의 공장을 돌아볼 기회를 갖게 되었다. 그는 그곳을 돌아보며 깊은 충격을 받아 이렇게 보고서에 썼다.

'그렇게 내몰아가는 것이 노동자들을 거칠게 만든다. 노동자가 구원을 바라며 외치는 것은 놀랄 일이 아니다. 인간은 공장 안에서 하나의 기계가 된다. 게다가 무의미한 부품이 된다. 그리고 한편으로는 인간의 존엄성에 대하여 놀라움을 자아내게 하는 것은 공장노동자들이 아침 5시부터 저녁 7시까지 시끄러운 소음과 먼지 그리고 악취 속에서 인간의 품위가 바닥까지 떨어지는 가운데 노동을 한다는 사실이다. 노동자들이 편하고 좋은 마음으로 공장주 편에 다시는 설 수 없다는 사실이다.'

이러한 보고서를 읽으면서 사람들은 사회 개혁가가 눈을 들어 당시의 사회적인 관점을 취했어야 했다고 생각을 했다. 즉 산업화 이전의 '좋은 시간'을 고수하거나 재생하는 데 관심을 쓰는 것보다, 기계로 인해 자기 자신이 소외되고 품위가 격하되는 문제에 훨씬 더 시간을 투자했어야 한다고 생각했다. 비헤른의 자서전은 이런 문제에 대해 올바로 논평했다.

'비헤른이 그러한 인상들을 토대로 그의 날카로운 눈으로 공장노동자들의 사회적 곤경의 변호사로 적극적으로 개입했었더라면! 하지만 수많은 결사체와 시설 설립, 그리고 그의 사업을 교회적으로 승인받고 조직하는 일들로 인해 힘을 완전히 소진한 비헤른은 이러한 과제를 더 이상

해내지 못했다.' [71]

 이러한 진술은 이해된다. 하지만 동시에 비헤른의 내적선교의 한계를 보여준다. 그는 먼저 이미 산업혁명과 사회혁명과정에서 무기력하게 희생된 이들을 돌보았다. 그는 현장의 곤경을 알기 위해서 먼 길을 마다하지 않았다. 여행에 관련된 다른 하나의 인상적인 장면이 있다. 라인란트로 여행가는 길에 함부르크 출신 루터교인인 비헤른은 쾰른 성당의 대미사에 참석하고 깊은 인상을 받아 다음과 같이 고백했다.

 '놀랍게 변용(變容)된 햇빛 안에서 구약과 신약의 성인들이 주님의 영광으로 가득하여 속삭인다.'

 물론 그는 미사(Messe)의 희생설과 화체설(化體說:성찬의 빵과 포도주가 예수의 살과 피로 변화한다는 설)을 단호하게 거부했다. 그러나 그는 근래에 '하나이며 거룩한 공교회 사상(Una-sancta-Gesinnung)' 때문에 가톨릭과 개신교가 분리되는 것을 극복하려고 애를 썼다. 그래서 개신교 디아콘 형제단의 대표 비헤른은 가톨릭의 수도회에 대해서 깊은 관심을 가지고 있었다. 그는 1852년 본(Bonn)에서 그의 부인에게 '종교개혁이 수도회를 개신교 정신으로 개혁하는 대신에 밖으로 내다버린 것은 크나큰 상실이다. 수도회는 로마교회의 한 기관이 아니라 오히려 진정한 가톨릭교회이다.' 라고 편지를 썼다.

---

71) Martin Gerhardt, a. a. O., 183

어쨌든 비헤른은 개신교적 공교회성을 고백한다. 그는 충만한 경건과 그리스도교적인 삶의 실천으로 하나 된 교회가 복음의 기반 위에 서야 한다고 생각했다. 그래서 많은 일을 하면서도 수없이 여행을 한 이유는 내적 선교를 발전시키고 앎의 지평을 넓혀 나가는 데에 기여하기 위함이었다. 하지만 동시에 신앙고백 너머에 있는 사명에 대한 의식이 더욱 깊어지는 시간이기도 했다.

교도소 개혁을 하면서

비헤른의 전반부의 활동은 라우에하우스에서의 거대한 교육적 과제로 규정된다. 또한 혁명의 해인 1848년에 내적선교의 개척자이자 전령으로 그의 역할은 한 걸음 더 나아갔다. 이제 그의 생의 후반(대략 1850년부터)은 또 하나의 확장된 과제로 이어진다. 그의 관심사와 실천은 살고 있던 지역과 지역을 넘어서서 교도소 개혁으로 이어졌다.

비헤른에게 이러한 사역의 장은 결코 새로운 것이 아니었다. 시대가 겪는 사회적 곤경의 최전선에서 당시 현실을 알고 있었던 그는 라우에하우스 대표로서 연구탐방을 통하여 수많은 교도소 안의 비인간적 상황을 접할 수 있었다. 이미 베를린 학업기간 동안에 그는 교도소와 수감자 그리고 출옥인의 도덕적 향상과 개선에 대한 강의를 들었다. 강의를 통해 얻은 교도소와 수감자들에 대한 지식은 이제 개혁적인 조처로 내적선교의 차원에서 실행할 만한 것이었다. 하지만 이를 실행하기 위해서는 정부의 위임이 필요했다.

비헤른은 다시금 디아코니아 실천가로서 그가 계획하고 준비한 것들을 실행에 옮겨야 할 당위성을 느꼈다. 그래서 그가 예전에 교육사업을 위하여 '형제들(Brüder)'을 준비했던 것처럼, 교도소사업을 위한 동역자들을 교육했다. 사실 그는 이미 40년대 초엽에 그러한 사역을 시작했다. 때문에 1841년에 영국의 교도소 개혁가인 엘리자베스 프라이(Elisabeth Fry)가 라우에 하우스를 방문한 것은 우연이 아니었다. 비텐베르크에서 열린 교회의 날에 즈음하여서도 그는 교도소 상황에 대하여 언급했다.

마태복음 25장을 보라. '내가 주릴 때에 너희가 먹을 것을 주었고 목마를 때에 마시게 하였고 나그네 되었을 때에 영접하였고 헐벗었을 때에 옷을 입혔고 병들었을 때에 돌보았고 옥에 갇혔을 때에 와서 보았느니라(35-36절)'

수감자를 돌보는 것은 초대교회의 임무였다!

비헤른은 프로이센 왕이 1851년 1월 독일 내 전체 교도소에 대한 개선을 그에게 위임하자마자 바로 일을 시작했다. 프리드리히 빌헬름 4세는 비헤른이 단지 통찰력뿐만 아니라 실제적인 계획을 가진 전문가라고 여겼다. 이제 비헤른의 구상이 프로이센 정부를 얼마만큼 설득시킬 수 있을 것인지가 문제가 되었다. 정부로부터 위임을 받은 비헤른이 중요하게 여긴 것은 교도소 안의 숙소의 환경을 철저하게 향상시키는 것이었다. 그는 당시의 형(刑) 집행과정에 있어서 가장 심각한 잘못은 집단수용이라고 여겼다.

때문에 그는 개별수용을 관철하고자 했다. 개별수용이 수감자를 다양하게 대할 수 있고 그들의 수준을 향상시킬 수 있다고 본 것이다. 그러므로 비헤른은 건물 건축의 구조적인 개혁과 더불어 그들을 대하는 교도관들의 교육도 해결해야 할 문제라고 보았다. 교도관은 도덕적으로 문제 없는 사람이어야 하고 특히 어려운 일을 위해 준비된 사람이어야 했다. 마지막으로 비헤른은 수형자들에 대한 재활과 사회 안으로의 재통합에 대해서도 깊은 생각을 했다.[72]

비헤른은 이러한 문제의 해결을 위하여 국가와 교회가 함께 협력해야 한다고 확신했다. 교도소 개혁에 관련된 비헤른의 문서를 보면 '루터의 두 왕국론'을 떠오르게 한다.

'국가는 법의 권한을 행사하고 분명하게 적절한 기간의 형을 집행한다. 하지만 교회는 신적인 은혜의 권한을 행사하고 죄의 용서를 통하여 도덕적으로 새롭게 출발하게 한다.'[73]

그래서 비헤른은 율법과 복음을 서로 가까이에 두었다. 그들은 서로 관련이 있다. 하지만 비헤른은 두 개의 혼합에 대해서는 분명히 경고를 했다. 비헤른은 교도소 개혁가였지만 그 자신이 수감자들의 형량을 줄이자는 박애주의자로서 여겨지는 것을 원치 않았다.

---

[72] 참조. 감옥개혁 문서; J.H.Wichern, 선정된 문서, Bd. III, 25-132
[73] J.H.Wichern, a. a. O., 88

비헤른이 교도소 개혁에 참여하게 됨으로써 왕실소속 정부는 라우에하우스의 형제들이 교도소 교도관으로 고용 가능한지를 결정해야 했다. 이러한 교도소 개혁을 위한 일련의 과정들을 진행하기 위해 교도소 실태 조사 과정이 실시되었고 이를 통해 비헤른은 충격적인 결과를 얻게 되었다. 그 이유는 철저한 개혁이 시급하다는 사실이 현실로 입증되었기 때문이었다. 그는 점점 더 교도소에 수용자들이 넘쳐나는 것을 보고 그 안에 초범자와 중대사범, 여성과 남성, 성인과 청소년이 구분 없이 함께 수용되어 있는 광경을 목격하게 되었다. 비헤른은 이미 거대한 비용을 들이고도 범죄를 양산하는 사회에 직면한 것을 확인했다. 그리고 이것을 위해 국가가 오히려 촉진제 역할을 하고 있다고 보았다. 그의 판단은 다음과 같았다.

'이러한 감옥은 국가가 만든 가장 큰 역설이다. 국가가 그들 안에서 조롱당한다.' 이러한 발언은 근본적으로 19세기의 가장 보수적인 사회개혁가 중의 한 사람이 기존의 상황에 가한 치명적인 비판이었다.

비헤른은 왕에게 다시 한 번 설득할 수 있는 기회를 얻었다. 그의 특별한 관심은 1858년부터 1862년까지 거대한 베를린 모아비트(Berlin-Moabit)의 중앙교도소의 내부 재건에 있었다. 그에게 평가서와 보고서가 제출되었다. 비헤른은 라우에하우스에 대한 마지막 책임을 포기하지 않으면서 그의 중심을 베를린으로 옮겨갔다. 1857년 1월 11일부터 함부르크 구조원 대표로서 비헤른은 '형법시설과 빈자문제 사전심의위원'으로 재직

했다. 이는 비헤른의 생애에 중요한 기간이었고 그는 기꺼이 이 직을 받아들였다. 청년기부터 계속된 과로로 인해 지속적인 두통에 시달려 왔던 비헤른은 이제 더 이상 독립적으로 자유로이 일하는 디아콘과 내적선교의 대표가 아니었다. 그는 이제 국가공무에 관련된 법과 규정에 따라 움직여야만 했다. 사전심의위원으로 위촉된 비헤른은 내무장관 아래 귀속되었다. 그리고 비헤른은 1851년 이래 할레 대학교에서 명예신학박사 학위를 받고 종교국 상급위원이 되었다. 이와 함께 그는 베를린 개신교 주교회 최고위원이 되었다.

어떤 이들은 이렇게 질문할 수도 있겠다. 어떻게 디아코니아의 선구자가 그와 같은 종류의 관료지위를 받을 수 있는가? 그는 어떠한 영향을 그 사역을 통해 끼쳤는가? 그러나 의심할 여지 없이 비헤른은 그가 받은 직급에서의 역할을 통해 많은 실천적인 가능성을 열어놓았다. 하지만 타격을 입기도 했는데, 비헤른의 베를린 선교의 좌절이 그것이다. 그의 신학적 사회교육학적 단초와 프로이센 의사당의 정치세력 간의 긴장은 너무 커서 비헤른의 개혁 의도는 저지당하고 말았다. 특별히 비헤른의 개혁 시도 중 적합한 감독관을 교육하기 위한 시도는 주목할 만하다. 그는 베를린에 형제의 집을 세웠다. 1858년 4월 25일 비헤른은 형제의 집 설립모임을 기념하려고 베를린 성악 아카데미(Berliner Singakademie)에 갔는데 이 모임이 후에 요하네스재단이 세워지는 계기가 된다. 오늘날 베를린 슈판다우(Berlin-Spandau)의 남성 디아콘 시설은 이를 통해 생겨났다. 그곳에 처음으로 파견된 라우에하우스의 12명의 형제들은 모아비트에서 감독관과 교도소 복지사로 일을 해나간다.

요하네스 재단이 설립되고 거의 3년 후에 이 형제단에 의해 그들이 감당해야 할 영역이 확장되었다. 즉 '빈민구호', 다시 말해 사회적, 경제적으로 하층계급으로 떨어진 이들을 위한 포괄적인 사회복지 분야였다. 후에 오랫동안 요하네스재단의 대표직을 수행한 호르스트 베커(Horst Becker)는 요하네스 재단과 그곳에서 일하는 디아콘들의 사업에 관한 연중보고서에서 두 가지의 관점이 어떻게 반복되는가를 아래와 같이 설명했다.

'디아코니아 형성과정 속에 빈민구호는 가난한 사람을 위한 개인적인

[베를린 요하네스 재단]

헌신 가운데 나온다. 디아코니아는 가난한 사람과 연대하게 한다. 때문에 디아코니아는 국가적인 복지나 그와 유사한 것과 비교할 수 없는 것이다. 교회는 디아코니아 실천을 위한 직제가 필요하다. 단지 설교직에 대한 독립적인 의미에서 뿐만이 아니라 지역교회의 자유로운 사랑실천에 대해 직업과 관련된 디아코니아적인 의미에서 필요하다. 물론 전자가 후자를 약하게 하거나 대체해서는 안 된다…'[74]

비헤른이 프로이센 내무부의 관료와 왕실 종교국 회원으로 일했지만 그럼에도 불구하고 그가 본래 관심을 가졌던 디아코니아를 포기하지 않았다는 사실은 의심할 여지가 없다. 비헤른은 점점 기운이 약해졌지만 계속되는 반대에 대해 더 강하게 대면했는데, 이런 점이 비헤른이 본래의 관심에 충실했다는 방증이었다. 15년 동안 프로이센 내무부에서 활동한 후 그는 1872년 5월 11일에 함부르크로 돌아왔다.

사람들은 비헤른이 교도소개혁이라는 과제에 뛰어들었을 때 그가 현실주의자인지 전문가인지, 혹은 현실적인 사람인지 환상에 빠진 사람인지에 대해 의문을 가졌다. 하지만 우리는 그를 단지 합목적성(合目的性)에 근거하여 행동한 교도소법학자나 정치가로 과소평가해야 하는가? 교도소개혁에 관한 비헤른 문서의 도입부에 루돌프 지버스(Rudolf Sievers)는 결론적으로 말한다.

---

74) Helmut Rünger(Hrsg.) : Die männliche Diakonie. Gestalt und Auftrag im Wandel der Zeit, Witten 1965, 99

'아무리 비헤른의 실패에 대한 근거들에 대해 비판적인 연구가 되고 있지만, 비헤른은 독일과 세계적인 차원에서 자유형(自由刑:형을 받는 사람을 일정한 곳에 가두어 신체적 자유를 빼앗는 형벌. 징역, 금고, 구류 등) 형집행 역사에서 그가 내린 결론을 비껴갈 수 없다. 율리우스 박사(Dr. Julius)는 그의 아버지 같은 친구(väterlichen Freund)였는데 그 외에 비헤른은 19세기에 교도소 개혁문제를 가장 깊이 파고든 독일의 사상가였다' [75)]

---

75) J.H.Wichern, 선정된 문서, Bd. III, 23

생의 마지막 시간

　1872년 5월 함부르크를 향해 돌아오는 여행길은 요한 힌리히 비헤른에게 있어 라우에하우스로의 회귀가 아니라 생의 과업을 정리하는 여정이 되었다. 왜냐하면 고향으로 돌아오는 비헤른은 이미 두 번의 뇌졸중으로 쓰러진 경험이 있기 때문이었다. 첫 번째 뇌졸중은 1866년 58세가 되던 해에 갑작스럽게 발생했다. 두 번째는 5년 후에 이어졌다. 의사는 휴식을 많이 하라고 권유하고 일을 상당 부분 줄이라고 했지만 비헤른은 거부했다. '그가 첫 번째 쓰러졌을 때 바로 의사의 조언을 따랐다면 혹시 중병은 모면했을 수 있었을 것이다. 하지만 그는 더욱 지칠 줄 모르는 열정으로 자신을 불태웠다.' 라고 마르틴 게르하르트는 회고했다.

　비헤른은 1873년 1월 프로이센 국가에 사표를 제출했고 이내 받아들여졌다. 왕인 빌헬름 1세는 비헤른의 오랜 공직생활에 대해 왕실이 수여하는 2급 왕관훈장을 수여했다. 그에게 수여된 연금은 2,250 탈러(Taler:옛 독일 화폐단위)였다. 라우에하우스는 설립자가 오랫동안 부재했지만 비헤른의 동역자 리임(Rhiem)이 용의주도하게 이끌었다. 하지만 돌아온 비헤른은 이제 많은 것이 달라졌다는 사실을 체감하게 되었다. 중앙위원회와도 심한 긴장관계에 있었고, 가족 안의 걱정거리도 요한 힌리히 비헤른과 그의 부인 아만다에게 부담이 되었다. 남편과 함께 미국으로 건너간 막내딸 아만다는 정신착란 증세에 빠졌다. 막내아들 루이스는 독일과 프랑스의 전쟁에서 1870년과 71년 사이에 전사했다.

기댈 곳이 없는 이들을 도우며 살았던 비헤른은 이제 도움을 필요로 하는 사람이 되었다. 이런 와중에도 중앙위원회와 베를린 요하네스 재단의 실무진들과의 의견충돌은 계속되었다. 이에 대해 비헤른은 1872년 3월 다음과 같이 기록했다. '내 마음은 계속 어두운 밤이 반복되고 기분은 우울하다. 내 주변에서 나를 자꾸 세워주려고 하는 것도 나는 부담스럽다.' 그리고 몇 달 후 그는 아래와 같이 기록한다. '모든 이는 나를 이미 떠나갔다. 나는 단지 하나님을 신뢰한다.'

그러나 비헤른에게 자신이 완전히 잊혀지지 않았고 라우에하우스의 새로운 사업이 지속될 수 있다는 좋은 예감이 다시금 다가왔다. 1873년 10월, 라우에하우스 출범 40주년을 기념하여 시설의 거실에서 축하행사가 열렸다. 이 행사에 1만 2천 탈러의 기부금이 축하인사와 함께 전해졌는데, 이는 독일 전역에서 그의 많은 지인들이 보낸 기부금이었다. 이는 내적선교의 선구자와 마음을 함께하고 있다는 징표이자 그의 실천에 공감한 '영적

공동체로서의 사랑의 표현'이었다. 이러한 비헤른의 업적이 지속적으로 발전하고 이어지는 것을 위해 둘째 아들 요하네스 비헤른의 노력이 있었다. 1873년 4월 1일 행정부는 그에게 대표를 대신하는 직무를 맡겼다.

비헤른은 중병이 진행되면서 점점 쇠잔해졌다. 그 사이에 좀 회복이 되면 고통 가운데서도 작은 일에 힘을 쏟았다. 하지만 66세의 비헤른이 근본적으로 회복하는 것은 어려운 일이었다. 1874년 4월 5일 심한 발작 이후 그의 병세는 더욱 악화되었다. 의사는 소견서에 '혈관이 경화되고 뇌가 이완됨'이라고 적었다. 비헤른 자신은 1875년 달력에 '나는 전체 기관이 해체되고 있는 감을 느낀다.'고 기록했다. 비헤른의 대리 대표이자 그의 아들인 요하네스 비헤른은 그가 느끼는 두려움을 감히 알릴 용기가 나지 않았다. 밤낮으로 두려움이 엄습했다. 「예레미아」와 「예레미야애가」에서 그는 위로를 찾기를 바랄 뿐이었다. 요한 힌리히 비헤른에게 어렵고 어두운 시간이 시작되었다. 비헤른의 첫 자서전 작가이자 친구인 올덴베르크(Oldenberg)는 이렇게 전했다. '비헤른은 생의 고비를 넘기면서 마지막 1년 반 동안의 고통의 시간에 거친 검사를 받아야만 했다.' '기력은 점점 더 쇠잔해지고 영적인 기운은 점점 더 내면의 깊이 숨겨진 방으로 도망쳤다.'[76)]

1881년 4월 7일 오후에 비헤른은 숨을 거두었다. 그의 나이 73세였다. 그의 부인 아만다 비헤른은 남편이 고난의 시간 동안 그녀에게 남겨준 봉투를 열고 읽었다.

---

76) Oldenberg, 인용: Richard Grunow: Wichern, Ruf und Antwort, Gütersloh 1958, 301

'하나님께서 나를 데려가시려고 결정하셨다면, 나의 사랑하는 이여, 나의 유일한 기도는 내가 복되고, 내가 주님께로 가고, 평화를 주님 안에서 찾는다는 것이오. 나는 아주 약함 가운데 그 분께 고백하였소. 주님은 나의 죄를 용서하셨소. 그래서 나는 주님의 사랑과 사랑의 행함을 위하여 모든 소망을 두고, 나를 위해 흘리신 피를 위하여 살아왔소. 주님은 요한복음 17장에서 기도하신 것처럼, 주님은 나를 내가 사랑하는 모든 이들과 함께 하나가 되게 할 것이오.'

요한 힌리히 비헤른은 함부르크의 함(Hamburg-Hamm)에 있는 그의 어머니 묘 옆에 묻혔다. 묘비에는 요한 1서 5장 4절 말씀이 새겨졌다.
'세상을 이기는 승리는 이것이니 우리의 믿음입니다'

비헤른
– 부름과 과제

요한 힌리히 비헤른의 사람됨과 삶의 여정은 많은 물음을 던지게 한다. 하나는 그가 관여했던 일들에 대한 실제적인 결과물에 대한 물음이다. 다른 하나는 그의 업적이 이미 『공산당 선언』에 대한 충분한 대답과 그의 시대의 커다란 요구들이었다는 사실에 대한 물음이다. 세 번째는 그가 우리에게 남긴 과제와 의무에 대한 물음이다.

이제 칼 마르크스의 동시대인인 비헤른을 대비하면서 정리해 보자. 그 둘이 겪었던 세기 동안의 시대의 징표를 보면 그 시대와 두 인물을 쉽게 이해할 수 있을 것이다.

- 비헤른은 기존의 것을 개량하고 개혁하였지만 비판적인 시스템 분석에는 낯설었다. 또한 정치와 사회 안에서의 혁명적인 행동은 불행과 죄라고 비난했다.
- 그는 신학자, 시민 그리고 사회개혁가였지만 일방적으로 보수적이고

복고적인 모범으로 간주되었다.
- 그는 당대의 노동운동과 성숙한 접촉의 가능성을 갖지 않았다.
- 비헤른 자신은 당대에 협동조합식 자조모임의 기회를 깊게 가졌던 빅토르 후버(Victor A. Huber) 같은 이들과의 성공적인 협력관계를 갖지 못했다.

이 정도로 충분하다. 왜냐하면 비헤른 같은 사람을 측정하는 데에 있어 가장 최소한의 부족한 부분은 이렇게 나열될 수 있다. 다른 한편 곤경의 순간에는 사태분석에 자신의 관심과 실천을 제한하고 있었는지, 원인을 찾거나 운동체를 도왔어야 했는지에 대한 물음은 문제가 아니다. 비헤른의 관심사는 실천과 관계된 문제에 전적으로 향해 있었다. 그의 프로그램은 다음의 슬로건 아래 있다.

'사랑은 나에게 신앙에 속한다!'

그리고 이러한 프로그램의 요소들을 깊이 생각해 보면 현실성이 있는 것들이다.

- 그는 이웃사랑에 대한 개인윤리를 확장시켰고 교회의 공동적인 행동을 일깨웠다.
- 그는 사회의 곤경 속에 있는 소외된 그룹에 대한 관심을 갖고 있는

'핵심 교회 (Kerngemeinde)'에 주목하고 형 수감자들의 재활에까지 관심을 가졌다.
- 그는 낡은 교육 모델을 발전시켜 나갔고 가족원칙이라는 사람중심교육의 힘을 관철시켰다.
- 그는 단지 개인의 친절에 기댄 자선적 태도를 중시하는 이론을 폄훼하는 딜레탕티즘(Dilettantismus)에 반하여 객관적이고 전문가적인 사역으로 대체했다. 다시 말해, 디아코니아 사역자를 양성하는 데 관심을 기울였다.
- 그는 사회적인 사건에 대해 주도면밀하고 지속적인 정보를 얻었고, 이를 통한 디아코니아 사안에 공감을 얻기 위해 중요한 역할을 했다.

그리고 비헤른에 관한 많은 것들이 비판적인 검증을 필요로 하고 심지어 파편적인 것으로 증명될지라도, 한 가지 사실은 부정될 수 없다. 라우에 하우스의 설립자, 비텐베르크에서 열린 교회의 날의 고안자, 내적선교의 실천가라는 사실은 계속 빛나는 하나의 표지가 되었다. 독일 개신교 디아콘 직제의 개혁은 이러한 표지의 하나이다. 오늘날 수천 명의 디아콘들이 다음의 현장에서 활동하고 있다. 그리스도교의 선포와 교회 현장에서, 병원과 장애인 돌봄 현장에서, 사회복지 현장에서, 교회가 운영하는 특수사역 현장에서.

시간이 흐르면서 비헤른이 주창한 전통적인 내적선교와 디아코니아가 사회정책의 과제영역의 주제가 된 것은 분명히 기억되어야 한다. 제2차 세계대전 이후 '비헤른 II(Wichern Zwei)'라 불리는 오이겐 게르스텐마이어(Von Eugen Gerstenmaier)는 19세기의 비헤른의 실현과 그의 한계를 뛰어넘는 계획을 제시했다.

'1848년의 비헤른은 오늘도 우리 개신교 교회의 한가운데 서 있고 그의 「독일민족에 드리는 백서」는 우리에게 곤경의 거리를 보게 한다. 때문에 우리는 오이겐 게르스텐마이어의 **비헤른**II의 의미 안에서, 우리의 부름을 교회 안으로 끌어 당겨야 하지 않은가? 그러한 부름이 우리에게 새로이 들려온다. 독일 개신교 교회는 디아코니아 교회로서, 행동하는 거대한 형제단으로서 이어나가야 하지 않는가?' 77)

---

77) Eugen Gerstenmeier: Wichern Zwei; in Herbert Krimm(Hrsg.), Das diakonische Amt der Kirche, 2. Aufl. Stuttgart 1965, 517

요한 힌리히 비헤른의 증언들

'라우에하우스가 아직 현실화되지 않았고 그저 시간만 지연되고 있습니다, 우리는 더 이상 이상(理想)에만 머물러서는 안 되는 시점입니다. 오히려 영의 힘으로 진척시키고 그 안에 시설이 세워지고 확장될 수 있다는 것을 제시해야 합니다. 하지만 이 영은 그리스도에 의한 신앙의 영입니다. 바로 이 영은 사랑을 통하여 일하고, 영향을 끼치고, 부지런함으로 증명됩니다. 그 영으로 우리는 신앙과 사랑을 불러일으킬 수 있고 불러일으키고자 합니다.'

이러한 영과 진정한 구원의 약속인 사랑으로 우리는 아이들을 접합니다. 그리고 기쁨과 자유의 언어로 이 아이들에게 힘을 줍니다.

"아이야, 너는 모든 것을 용서받았다!" 네 주변을 보아라. 그 안에 너를 맞이한 집이 있다! 여기에는 담도 없고 도랑도 없고 빗장도 없다. 단지 우리는 튼튼한 사슬로 너를 묶는다. 너는 원하는 것을 할 수 있고 하지 않을 수 있다. 네가 할 수 있으면 그것을 거부할 수도 있다. 이것은 사랑이라고 불린다. 그리고 사랑의 척도는 인내이다. 우리는 너에게 그것을 제공한다. 그리고 동시에 우리가 요구하는 것은 그것을 위하여 우리가 너를 돕고자 하는 것이다. 즉 너는 너의 생각을 바꾸어 이제부터 하나님과 사람에 대해 감사한 사랑을 행하는 것이다.

'그러한 사랑의 영에 대해 구조원 안에서 아이와 대하면서 일어난 모든 것을 증언해야 합니다. 그래서 아이들이 부지중에 알게 되어야 합니다. 여기에 새로운 세계가 있습니다. 이러한 곳을 이제까지 알지도 발견하지도 못했습니다.' (라우에하우스 설립 연설, 1833년)

'바른 이성 안에 서 있는 라우에하우스는 단지 그리스도교적 혹은 교회적인 것이 아니라 그리스도교적 사회적 과제이다. 마치 이방인 선교처럼 자연스럽게 이방민족을 교육하고 문명화로 이끄는 일에 관여해야 한다. 그리고 그러한 과정을 올바른 방법으로 다루고 관여해야 한다. 예전에 우리의 조국과 접경에 구원의 사신을 가져온 영국 수도사들은 수도원을 세웠고 그곳은 도시가 되었다. 숲을 개간하고 전답을 경작하게 함을 통하여 선교를 했다. 아주 높고 정교하고 영적인 척도를 가지고 그러한 일을 진행하는 것이 내적선교이다. 그렇게 외부적으로 나타나는 것이 전제되어야 한다. 하지만 이러한 특별한 직업적이고 능력 있는 실무자가 다양한 등급이 필요한 것처럼, 내적선교도 이러한 것이 중요하다.' (「라우에하우스 소식지」, 1847년)

'혁명과 내적선교. 들어보지 못한 것이 발생했다. 아직 들어보지 못한 것이 아마도 생길 것이다. 하지만 민족생존의 관계를 내면으로부터 파괴하는 것을 실제 어느 정도 알았던 이들에게 이러한 것이 놀라게 할 수 있었고 놀라게 할 것이다! 오히려 우리는 이러한 모든 것이 지금에야 비로소 그리고 오래 전부터 이미 성공하지 못했다는 것에 상처를 입었다. 백여 개로 나뉘어져 있고 독일에서 점점 사그라지는 목소리를 가진 내적선교는 이미 이제 열려진 파멸 구덩이로 보여지고, 경고하고, 간청하고, 빠져든다.

하지만 이제 내적선교의 웅대한 확장의 날이 도래했다. 지금 아니면 앞으로 전 민족을 휘감는 힘으로 기회나 사명을 갖기 어렵다. 내적선교가 승리하지 못하는 것은 먼저 그들의 죄이다. 정치적인 관계에서 폭력적인 전복, 기존의 힘과의 충돌, 이러한 것들로 인해 교회가 완전히 흔들리게 된다. 그리스도의 품안에서 사회적 참상에 대한 참혹한 폭로가 내적선교를 낙담하게 할 수 없다. 공개되는 모든 곤경상황은 생명을 위한 새로운 자극이다. 모든 이교적인 야만의 드러남 혹은 이교적인 불법행위는 각성을 불러일으키고, 구원하는 사랑의 힘 있는 일상의 시작으로 이끈다. ...

우리는 기적을 바라지 않는다. 하지만 아주 순수한 것이나 진실한 것 그리고 진정한 민족적인 것은 없다. 점점 자라나서 잠정적으로 해결이 되고 자율연맹 안에서 통일성이 있고 협력하는 사랑의 실천으로 궁극적으로 전 민족이 복음화되는 것이 사라질 수 있다. 때문에 내적선교는 조국의 새로운 형성을 위한 기쁨에 찬 희망으로 세워져야 한다.'
(「라우에하우스 소식지」, 1848년 4월)

'교회는 역사의 한 단계에 진입했다. 교회는 정치적 사회적 문제의 해결책에 간접적이고 힘 있는 영향을 끼쳐왔다. 하지만 잘못된 해결책으로 게르만적인 교육과 교양이 몰락했다. 바로 교회는 이러한 지점에서 부름을 받았다. 교회는 확고한 신앙 안에서, 확실한 신뢰 안에서, 분명한 관점을 가지고 민족을 위한 사랑으로 가득 찬 마음으로 그리스도의 구원하는 사랑의 기치를 들어야 한다. 독일 민족은 그리스도교를 통하여 오늘의 모습이 되었다. 혼란 속에서 좌절한 이들이 이제 그리스도교를 떠나고 깊은 바닥으로 내려가고 있다. 이제 민족은 다시금 태어나고 그리스도교를 통하여 재생해야 한다.' (「라우에하우스 소식지」, 1848년 8월)

'나의 친구 여러분! 개신교 교회는 전적으로 인정할 필요가 있습니다. 내적선교 사업은 교회의 일입니다! 내적선교는 이러한 사역을 전적으로 하면서 확증해야 합니다. 사랑은 교회에 있어 신앙에 속합니다.

구원하는 사랑은 내적선교에 있어 거대한 도구입니다. 그것으로 교회는 신앙의 사실을 증명합니다. 이러한 사랑은 교회 안에서 밝은 하나님의 불꽃으로 타올라야 하고, 그리스도가 그의 백성 안에서 형체를 드러내야 합니다. 그리스도가 살아있는 하나님 말씀 안에서 전적으로 계시된 것처럼 그리스도는 하나님의 행동 안에서 선포되어야 합니다. 그리고 이러한 행동의 가장 높고, 가장 순수하고, 가장 교회적인 것은 구원하는 사랑입니다. 이런 의미에서 내적선교의 말씀을 받아들인다면, 이 시대의 교회는 그들의 새로운 미래를 열 것입니다.' (비텐베르크 교회의 날, 1848년)

'전체적인 사역에 있어 나는 지금까지 일어난 것보다는 더 깊고 포괄적인 관찰을 가져와야 한다는 것에서 시작하려고 합니다. 이러한 것과 연관하여 디아코니아의 물음에 대한 대답은 구약성서와 신약성서 안에 나타난 하나님의 전적인 계시입니다. 그것은 이미 약속되었지만 아직 이루어지지 않은 구원의 성취 과정에 있습니다. 이러한 물음에 대한 대답의 입장은 인식 지평에 모든 제한이 없어야 합니다. 내 입장은 보편적입니다. 이러한 입장을 떠난 모든 대답은 길을 잘못 들어선 것입니다. 올바른 대답은 인간의 깊음 안에서 고난의 심연 안으로 들어가 그들에게 주어지는 도움의 깊음 속으로 들어가기 위해 하나님의 깊음 속으로 돌아가야 합니다. 오직 유일한 이정표는 그리스도 안에서 준비되고 성취된 계시라 할 수 있습니다. …

디아코니아는 그리스도교의 징표입니다. 그들의 존재에 따라 디아코니아는 계시된 하나님 사랑 자체로부터 연원하는 것입니다.'
(「디아코니아와 섬김직에 관한 평가서」, 1856년)

연 보 (年譜)

1808년 4월 21일 : 독일 함부르크에서 공증인인 부친 요한 힌리히 비헤른(시니어)과 비트스톡 출신인 모친 카롤리네 마리아 엘리자베스의 아들로 출생
1814년　　　　　: 엘러스 사립학교
1818년 3월 8일 : 요한 김나지움
1823년 8월 14일 : 부친 사망
1825년 6월 8일 : 함부르크 카타리넨 교회의 오토 볼터스 목사로부터 견성사. 견진성사 말씀:요한복음 8장 31절 이하 '너희는 내 말에 거하라...'
1826년 1월 28일 : J. 플룬스에서 보육조무사(1827년 10월 6일까지)
　　　 3월 31일 : 함부르크 아카데미 김나지움에서 신학생
　　　 7월 23일 : 비헤른이 누가복음 16장 1절부터 9절과 관련하여 첫 설교
1828년10월 22일 : 괴팅겐대학 등록. Fr. 뤼케가 가장 중요한 스승이 되다
1830년 3월 31일 : 베를린 대학 등록. 슐라이에르마허, 네안다, 헤겔의 강의 들음. 베를린 각성운동의 대변자들과 만남. 특히 바론 코트비츠와 각별한 만남
1831년　　　　　: 대학 졸업 후 함부르크로 돌아옴
1832년 4월 6일 : 함부르크 주 교회청에서 신학고시(루터의 성찬교리).
　　　 3월 23일 : 아말리 지베킹이 함부르크에 '빈자와 병자구호 여성결사체' 세움.
　　　 6월 24일 : 라우텐베르크 목사의 성 게오르그 교회에서 주일학교 교사
1833년 2월 25일 : 함부르크의 복지 교육사업을 강화하기 위해 재단사사무소에서 연설 ; 아만다 뵈메와 만남
　　　 9월 12일 : 라우에하우스 설립모임
　　　10월 31일 : 비헤른이 라우에하우스로 이사. 11월 8일: 세 명의 첫 아이들을 구조원에 받아들임
1835년10월 29일 : 아만다 뵈메와 결혼
1839년　　　　　: '내적선교 신학교' 라는 이름의 형제의 집을 세움
1844년 9월　　　: 월간지 「라우에하우스 소식지」 출간

1848년		: 프로이센 정부의 오버슐레지엔 정책 위임자
	9월 22일	: 비텐베르크 성 교회에서 열린 제 1회 교회의 날에서 즉흥연설 '사랑은 교회에 있어 신앙이다!'
1849년 1월		: '독일개신교 내적선교 중앙위원회' 구성
		– 백서 출간 : 『독일 개신교 내적선교』
	6월	: 남부독일 여행
1951년 6월 3일		: 할레 대학 신학부에서 명예박사학위 수여. 프로이센정부가 비헤른에게 교도소 개혁을 위탁
1857년 1월 11일		: 프로이센 내무부 '심의위원'에 임명; 동시에 베를린 개신교 주교회 최고위원에 임명
1858년 4월		: 라우에하우스의 형제들과 베를린 모아비트(후에 베를린 슈판다우)에 요하네스재단 형제의 집 설립
1866년		: 뇌졸중과 두통에 시달리기 시작함
1872년 5월		: 라우에하우스로 돌아옴
1873년 1월		: 프로이센 정부로부터 퇴임 후 연금생활
1881년 4월 7일		: 뇌졸중 재발과 오랜 숙환으로 함부르크에서 사망

이 평전은 '디아코니아의 발상지', '라우에하우스' 설립 150주년과 설립자 요한 힌리히 비헤른 탄생 175년을 기념해 출간되었다. 19세기의 위대한 그리스도교 사회개혁가인 비헤른은 교회의 자율적 사랑 실천을 부르짖으며 전체 개신교 교회의 과제로 내적선교를 요청했다. 이를 통해 산업혁명시대로부터 오늘에 이르기까지 디아코니아사업단의 유효한 실천이 광범위하게 진행되고 있다. 게르하르트 베어는 이 책에서 '비헤른이 없었다면 곤경과 가난에 대처하는 전위대가 없었다'고 평가한다. 베어는 교회 사회사의 한 장을 아주 높고 깊은 필치로 그려내었다.

사랑의 도전

요한 힌리히 비헤른과 내적선교

게르하르트 베어 / 홍주민 옮김

초판인쇄 2016년 4월 20일
초판발행 2016년 4월 30일

지은이 게르하르트 베어
옮긴이 홍주민
교정·교열 박길영

펴낸이 조병성
기 획 박미희
펴낸곳 밀알
등록번호 2009-000263
주소 서울시 강남구 밤고개로 1길 34 한울오피스텔 501호
전화 02.3411.6896
팩스 02.3411.6657

편집/인쇄 도노디자인 (02 2272 5009)

ISBN 978-89-963258-3-3 03230